세상 끝에서 만난 더 멋진 세상

세상 끝에서 만난 더 멋진 세상

지은이 | 김광동
초판 발행 | 2020. 11. 24
3쇄 발행 | 2020. 11. 26
등록번호 | 제1988-000080호
등록된 곳 | 서울특별시 용산구 서빙고로 65길 38
발행처 | 사단법인 두란노서원
영업부 | 2078-3352   FAX | 080-749-3705
출판부 | 2078-3331

책값은 뒤표지에 있습니다.
ISBN 978-89-531-3905-3 03230 Printed in Korea

독자의 의견을 기다립니다.
tpress@duranno.com www.duranno.com

두란노서원은 바울 사도가 3차 전도여행 때 에베소에서 성령 받은 제자들을 따로 세워 하나님의 말씀으로 양육하던 장소입니다. 사도행전 19장 8-20절의 정신에 따라 첫째 목회자를 돕는 사역과 평신도를 훈련시키는 사역, 둘째 세계선교(TIM)와 문서선교(단행본·잡지) 사역, 셋째 예수문화 및 경배와 찬양 사역, 그리고 가정·상담 사역 등을 감당하고 있습니다. 1980년 12월 22일에 창립된 두란노서원은 주님 오실 때까지 이 사역들을 계속할 것입니다.

자원봉사자 외교관의
NGO 이야기

세상 끝에서 만난
더 멋진 세상

김광동 지음

40th
두란노

목차

많은 사람이 직업을 인생의 모든 것으로 생각하기에, 직업에서 은퇴하면 허무와 우울에 빠집니다. 그러나 직업이 소명을 위해 존재한다고 믿는 사람은 직업에서의 은퇴가 곧 본격적인 인생의 시작이 됩니다.

김광동 장로님의 삶은 이를 증거하는 삶입니다. 국제구호개발 '더멋진세상'(better world)을 창립하고 지금까지 최고경영자로 섬겨 오신 여정이 외교관으로서 직업의 경력이 바로 소명을 위한 과정이었음을 보여 주기 때문입니다. 김 장로님은 높은 연봉을 제시하는 여러 기업체와 기관의 제의를 거절하시고 자원봉사자로서 지구 상의 최빈국만을 여행하며 가장 열악한 마을들을 '더멋진마을'(better village)로 변화시키는 일에 헌신하셨습니다. 이는 화려한 외교 무대보다 더 영광스러운 소명의 무대입니다. 소명이 풍성한 열매로 나타날 때는 언제나 성실한 노력과 탁월한 실력 또한 결들여 드러납니다. 국위 선양을 위해 쓰임 받기 위해서 갈고닦은 탁월한 언어 능력과 상황 판단력이 하나님 나라의 소명을 위해 귀하게 쓰임 받고 있습니다.

이 책에서 김광동 장로님은 자신을 더멋진세상의 일꾼으로 사용하시려는 하나님의 계획은 은퇴 무렵이 아니라 아주 오래전부터 시작되었음을 고백합니다. 하나님의 계획은 직업을 찾기 전부터 소명으로 인도하며, 때로는 직업과 함께, 때로는 직업에서의 은퇴 후에 열매 맺게 하심을 간증합니다. 이 책을 읽는 모든 분이 직업과 소명을 통해 역사하시는 하나님의 멋진 섭리를 체험하며 감사할 수 있을 것입니다. 많은 분에게 믿음과 용기를 선물하는 축복의 통로가 되기를 기대하며 추천합니다.

이재훈 온누리교회 담임목사

이는 하늘이 땅보다 높음같이 내 길은 너희의 길보다 높으며
내 생각은 너희의 생각보다 높음이니라_사 55:9

하나님의 퍼즐 조각

코로나19 사태로 전 세계가 잠시 멈춤을 경험하고 있다. 국경이 폐쇄되고, 인적·물적 교류가 일시 중단되는 상황에서도 비정부기구(NGO) 활동만큼은 쉼 없이 계속되고 있다. 방역 물품과 생필품을 전달하는 데 NGO 활동가들만큼 노련한 이들이 또 있을까! 현지 출장을 예전만큼 자주 나가지 못할 뿐, 현장 스태프들은 거의 그대로 남아 기존의 프로젝트를 계속 진행하면서도 추가로 방역 활동을 펼치고 구호품을 전달하느라 몇 배는 더 바빠졌다. 우리가 움직이지 않으면 당장 죽어 가는 힘든 이웃들이 있기 때문이다.

"장로님, 이제 곧 온누리교회 창립 25주년입니다. 그동안 우리 교

회가 받은 하나님의 은혜가 큰데, 우리는 세상을 위해 한 것이 없어 부끄럽습니다. 재난당하여 굶주리고 고통받는 우리 이웃들이 얼마나 많습니까? 인종, 종교, 이념, 지역 등을 초월하여 이웃을 섬기는 NGO를 장로님이 만들어 주세요."

2010년 여름, 하용조 목사님이 소천하시기 1년 전, 한마디 부탁으로 이 모든 일이 시작되었다. 하 목사님의 말씀은 선견지명이었다. 이 시대 그리스도인들은 예기치 않은 상황에 부딪히며 복음 전도에도 변화를 요구받고 있다. NGO는 선교의 새로운 지평을 여는 열쇠다. 지난 10년간의 사역이 그것을 증명해 주고 있다. 이제는 많은 교회가 NGO를 설립하여 지구촌 곳곳에서 활발히 사역하고 있으니 "예루살렘과 온 유대와 사마리아와 땅끝까지"(행 1:8) 함께 전진할 동지들이 있음에 감사할 따름이다. 인생의 고비마다 말씀으로 격려해 주시고, '더멋진세상'을 맡겨 주신 고(故) 하용조 목사님을 존경하고, 목사님에게 깊이 감사하는 마음이다.

나는 1973년 제7회 외무고시에 합격한 이후 별 어려움 없이 순탄한 길을 걸었다. 불어가 공용어인 중앙아프리카공화국을 시작으로 주로 불어권에서 근무했고, 우연찮게 프랑스 파리 국제행정대학원에서 국제관계학을 공부하고, 국제통상 전문 외교관으로서 경제협력개발기구(OECD) 초대 공사를 지내기도 했다. 그 후로 국제경제국장과 통상교섭조정관(차관보급)을 맡아 선진국과의 통상 분쟁 해결은 물론 개도국에 대한 개발 원조도 담당하게 되었다.

국제 개발·구호를 담당하는 비정부기구의 대표가 되고 보니 유럽연합(EU) 및 북대서양조약기구(NATO) 본부가 있는 벨기에 브뤼셀과 국제연합(UN)을 비롯하여 세계무역기구(WTO), 세계보건기구(WHO), 유엔난민기구(UNHCR), 유엔인권최고대표사무소(OHCHR), 국제노동기구(ILO), 이민정책연구원(IOM) 등 분야별 전문 기구가 모여 있는 스위스 제네바 등지에서 일하게 된 데는 하나님의 오랜 계획이 있었음을 깨닫게 되었다.

하나님의 계획은 퍼즐과도 같다. 조각만 봐서는 무엇인지 알 수 없지만, 하나하나 모여서 맞추어지면 생각지도 못한 놀라운 그림을 발견하게 된다. 내 삶의 모든 순간은 하나님의 큰 그림을 이루는 퍼즐 조각이다.

이웃의 행복을 바라는 마음

NGO 더멋진세상은 전 세계에서 가장 열악한 곳을 찾아간다. 가난한 나라의 가장 가난한 마을을 찾아가 아이를 입양하듯 마을을 통째로 품고, 자립할 힘을 얻기까지 총체적으로 지원하고 개발하는 사업을 펼친다. 즉 한 마을이 깨끗해지고, 건강해지고, 부요해져서 더 멋진 마을로 거듭날 때까지 돕는 것이다(Clean Village, Healthy Village, Wealthy Village).

그러려면 마을 주민들이 주인의식을 갖고, 자신들의 내적 자원을 활용하여 마을의 발전을 위해 스스로 일어서지 않으면 안 된다. 한 마을이 제힘으로 온전히 서기까지는 대개 5단계가 필요하다.

1단계 : 개척 단계(Pioneering)

2단계 : 부모 단계(Parenting)

3단계 : 친구 단계(Partnering)

4단계 : 참여자 단계(Participating)

5단계 : 이양 단계(Parting)

이것은 한 마을이 자립(自立), 자영(自營), 자치(自治)의 수준으로 성장해 가는 과정을 표현한 것으로, 국제연합(UN)이 제시한 지속가능발전목표(SDGs, Sustainable Development Goals)를 구현하기 위한 실천 전략이기도 하다.

2020년 10월 현재, 우리는 지구 상에서 가장 열악한 지역인 아프리카, 서남아시아, 중남미 등지에서 24개국 27개 마을을 섬기고 있다. 각 마을의 단계에 맞는 전략을 세워 중장기 계획에 따라 우물 파기, 보건 위생 사업, 학교 건축, 교육 사업, 농업 개발 사업, 소득 증대 사업 등 다양한 프로젝트를 진행하고 있다.

어느 마을을 가든 듣는 질문이 있다. "당신들 나라에서 편하게 살아도 될 텐데, 왜 이곳까지 와서 고생하느냐?"는 것이다. 그런 질문을 받을 때마다 '한강의 기적' 이야기를 들려주곤 한다. 한때 세계 최빈국이었던 나라가 하나님의 축복으로 1인당 국민소득 3만 달러를 넘게 되었으며 OECD 회원국이 되었다고 말이다. 그러면 그들이 "당신들이 받은 하나님의 그 사랑을 우리에게도 나눠 달라"고 손을 내민다. 그렇게 해서 마을에 복음을 전하는 기회를 얻는다.

이처럼 재난당하여 굶주리고, 질병으로 고통받는 지구촌 이웃들을 섬겨 온 지난 10년이 내게는 38년 외교관 생활보다 훨씬 더 값지다. 공공근로로 청소 일을 하며 평생 모은 퇴직금 4,000만 원을 내놓고 돌아서는 아주머니, 폐지를 팔아 모은 2만 원을 들고 오는 할머니, 자폐아 아들의 이름으로 아프리카에 우물을 파 달라며 1만 달러를 보내는 어머니 등 더 멋진 세상을 꿈꾸는 선한 이웃들을 많이 만난다.

나는 매일 아침 거울을 보며 자신을 축복한다. 오늘은 살아온 날의 마지막 날이자 살아갈 날의 첫날이고, 더 멋진 세상을 배워 가는 축복의 날이라고 말이다.

해도 해도 모자랄 감사 인사

하용조 목사님이 소천하신 뒤 더멋진세상의 회장으로 취임해 지금까지 성원과 격려를 아끼지 않고 도와주고 계신 이재훈 목사님에게 머리 숙여 깊은 감사를 드린다. 초창기부터 비전을 함께 나누며 여기까지 동역해 온 김창옥 사무총장님과 스태프들에게 모든 공적을 돌리고 싶다.

2010년에 사단법인 더멋진세상이 탄생할 수 있도록 동참해 주시고 지금까지도 섬겨 주시는 이사님들과 특히 어려울 때마다 도움을 아끼지 않으셨던 영적 파트너인 L장로님, 설립 후 사무실도 없이 어려운 형편에 처했을 때 선뜻 사무실을 제공해 주시고 더멋진세상의 이사까지 되어 주신 H장로님과 그 외 지금까지 더멋진세상이 견실하고 모범적인 NGO 단체로서 성장할 수 있도록 도와주신 모든 실행위원에게 깊이 감사하다. 무엇보다도 이름 없이 빛도 없이 기도와 물질로 후원해 주고 계시는 1만 2,000여 명의 후원자들에게 최고의 찬사와 감사를 바친다. 특히 열악한 사역지에서 지금도 코로나19 바이러스와 사투를 벌이며 현지 주민들과 생사고락을 함께하고 있는 현지 선교사들과 스태프들에게 마음속 깊은 감사를 전한다.

마지막으로 내 평생 믿음의 동역자가 되어 신앙이 흐트러지지 않도록 내조해 준 아내 윤미기 권사와 장차 믿음의 명문가를 이어갈 아들과 딸, 손자들에게 주님의 은혜가 늘 함께하기를 기도한다.

우리가 주목하는 것은 보이는 것이 아니요 보이지 않는 것이니
보이는 것은 잠깐이요 보이지 않는 것은 영원함이라_고후 4:18

1부
낭만 시대

사랑은 있다 ○ 보이지 않아도

어쩌다 외교관 ●─────────────────────────

　　나는 어릴 때부터 세계지도를 들여다보길 좋아했다. 역사
와 지리에 유달리 관심이 많았다. 독서를 좋아해서 중고등학생 시
절에 이미 헤르만 헤세(Hermann Hesse)의 《수레바퀴 아래서》,《데미
안》, 스탕달(Stendhal)의 《적과 흑》, 마르셀 프루스트(Marcel Proust)의
《잃어버린 시간을 찾아서》, 도스토옙스키(Dostoevskii)의 《카라마조프
가의 형제들》, 존 스타인벡(John Steinbeck)의 《분노의 포도》 등을 섭
렵했다. 완전히 이해하지도 못하면서 왜 그렇게 소설책에 매달렸는
지 지금도 이해가 되지 않는다.
　　청주시의 교동초등학교 6학년 때 집안이 기울어져 학교에서

12km 떨어진 청원군 복대리로 이사를 했는데, 그 어린 나이에 왕복 4시간 거리를 통학하느라 고생했다. 그리고 청주중학교에 입학했다. 중학교를 졸업할 무렵, 4남 2녀 중에 장남인 나는 어려운 집안 형편을 생각하지 않을 수가 없었다. 하루라도 빨리 직업 전선에 나서서 동생들을 책임져야 한다는 생각에 청주 상고에 진학했다. 당시 상고 졸업생들에게는 은행이 최고의 직장이었다. 하지만 아무래도 은행 일은 내 적성에 맞지 않는 것 같아서 마음에 갈등이 컸다.

결국 3학년 2학기가 되어서야 대학에 진학하기로 마음먹었다. 학교의 허락을 받고, 9월부터는 아예 시골 외갓집에 내려가 호롱불을 켜 놓고 공부에 전념했다. 웬만한 과목은 독학해도 상관없는데, 수학이 문제였다. 상고에서는 대입에 필요한 일반 수학 대신에 상업 수학만 가르쳤으므로 사실상 수학을 배워 본 적이 없었기 때문이다. 하는 수 없이 수학 문제집과 풀이집을 통째로 외워 버렸다.

대학에 입학 원서를 내기 전에 서울 서대문에 있는 재수생 학원인 동아전수학관에서 실시하는 모의고사를 치러 봤다. 결과를 보니, 걱정하던 대로 수학이 제일 불안했다. 서울대학교 외교학과를 목표로 하기에는 총점은 합격선이지만, 수학이 20점 이하로 과락할 위험이 있었다. 연세대학교 정외과는 과목별 과락이 없어서 연세대학교에 지원하기로 했다. 다행히 국어, 영어, 사회 과목에서 평균 이상의 성적을 내어 1967년 연세대학교 정외과에 합격했다. 대학 입학과 함께 상경하여 입주 가정교사로 살거나 과외 아르바이트를 하면서 내내 떠돌며 살았으니 외교관의 운명이 일찍 시작되었던 듯하다. 그래도 나의 영원한 고향인 청주는 늘 그립고, 지금도 좋은 친구들이 항상 나를 반겨 주어 고맙다.

1968년 1월 21일, 북한의 무장 게릴라 31명이 청와대를 기습하기 위해 서울에 침투한 사건이 벌어졌다. 당시 유일하게 생포되었던 공작원 김신조의 이름을 따서 '김신조 사건'이라고도 한다. 이 사건을 계기로 군대 복무 기간이 2년 6개월에서 3년으로 연장되었다. 언제라도 전쟁이 일어날 수 있는 일촉즉발의 상황이었기 때문이다. 그 덕분에 1969년 군에 입대하여 1972년 제대할 때까지 꼬박 3년을 복무하고 사병으로 전역했다.

1972년 3월에 복학했는데, 6월에 아버지께서 지병인 간암으로 돌아가셨다. 헛헛한 마음을 달래려고 여름 방학에 친구들과 거제도로 무전여행을 떠나 보기도 했지만 흥이 나지 않았다. 그때 마침, 포항 출신의 학교 친구가 고향 근처 구룡포에 가면 여름을 시원하게 날 수 있다며 같이 가서 고시 공부나 하자고 했다. 친구 따라 강남 가듯이 책 몇 권 챙겨 들고 따라 내려갔다. 하지만 도통 공부에 흥미를 느낄 수가 없어서 동네 친구들과 술 마시며 놀다 보니 여름 방학이 끝나고 말았다.

2학기가 시작되었다. 겨우 마음잡고 공부하려고 하는데, 예기치 않은 사건이 벌어졌다. 10월 17일, 비상계엄령이 선포된 것이다. 박정희 대통령이 장기 집권을 목표로 초헌법적인 비상조치를 단행한 것이다. 계엄 포고 제1호 제3항 "각 대학은 당분간 휴교 조치한다"는 내용에 따라 모든 대학이 기한 없는 휴교에 들어갔다.

학교 문이 닫혀 딱히 갈 곳이 없던 차에 고향 청주의 우암산 뒤편 용두사에서 고시생들이 공부하고 있다는 소식을 듣고 11월에 고향으로 내려갔다. 다음 해 3월에 있을 외무고시 1차까지 4개월밖에 남지 않았다는 사실을 깨닫고, 하루 17시간을 꼼짝 않고 앉아서 공부에 집중했다. 다행히 1차에 합격하여 다시 한 달 동안 밤을 새워 가며 2차 시험 준비에 매달렸다. 5개월간 온 에너지를 쏟아 집중한 덕분에 제7회 외무고시에 최종 합격했다. 기적 같은 일이었다.

사실, 암기력은 어린 시절 나의 유일한 재능이었다. 외우는 것만큼은 누구보다도 자신 있었다. 그 덕분에 배운 적도 없는 수학 과목을 책을 달달 외워서 대학 입학시험에 합격하지 않았는가.

'행운의 샷'을 뜻하는 '후로쿠'라는 당구 용어가 있다. 의도치 않게 공이 맞았을 때 쓰는 은어로, '요행'을 뜻하는 영어 단어 '플루크'(fluke)의 일본식 발음이다. 그때 내 상황을 잘 표현하는 말이다. 평소에 당구를 잘 못 치던 녀석이 어쩌다가 스리 쿠션으로 공을 맞힌 셈이니 말이다. 수험 전문 잡지인 〈고시계〉에 합격기를 곧이곧

대로 써냈다가 하숙집에 항의 편지가 날아와 산더미처럼 쌓여 큰 곤혹을 치렀다. 오랫동안 각종 고시를 준비해 온 이들이 편지에 대고 온갖 화풀이를 해 댔다. 지금 같으면 악플에 무척 시달렸을 것이다.

1976년, 첫 임지인 중앙아프리카공화국으로 떠났다. 첫아이를 갓 출산한 아내와 함께 갈 만한 곳은 아니어서 할 수 없이 혼자 떠났다. 3개월 뒤에 아내가 생후 90일 된 딸아이를 데리고 와서 합류하여 열흘 뒤에 백일잔치를 해 주었다. 별 탈 없이 건강하게 자라 준 딸이 늘 고맙고 애틋하다.

일이 아직 서툰 데다가 외국에서 장기 체류한 경험이 처음이라 적응하는 데 애먹었다. 고생한 기억밖에 없어서, 내게 아프리카는 다시는 밟고 싶지 않은 땅이었다. 그런데 하나님은 이미 그때부터 나를 향한 큰 계획이 있으셨다는 사실을 나중에야 깨달았다.

1978년 2월, 주벨기에 대사관 2등 서기관으로 전임했다. 열악한 환경의 아프리카에서 1년을 보낸 딸아이는 서울 처가댁에 맡기고, 아내와 함께 벨기에 브뤼셀에 도착했다. 딸아이가 늘 눈에 밟혀서 데려오려 했지만, 당시 2등 서기관의 박봉으로는 서울을 왕복할 비용이 만만치 않아서 장인·장모님이 딸아이를 데리고 브뤼셀로 와 주셨다. 그 덕분에 딸아이와 1년 만에 반갑게 합류할 수 있었다. 그리고 그곳에서 둘째 아들이 태어났다.

아내는 갓 태어난 아들과 세 살 된 딸을 나의 도움 없이 홀로 키우느라 무척 힘든 시간을 보내고 있었지만, 당시 나는 대사관으로 밀려드는 많은 업무를 처리하고 나서 일과 후에 늦은 술자리를 갖고, 주말이면 골프 치러 다니는 것이 큰 즐거움이라 집안을 돌보지 않았다. 그러느라 아내가 홀로 고생을 많이 했는데, 지금도 가끔 그때 이야기를 하는 것을 보면 섭섭한 마음이 아직 가시지 않은 모양이다.

그 당시 주변 상황은 그리 좋지 않았다. 그해 4월에 프랑스 파리 오를리 공항을 출발하여 미국 알래스카 앵커리지 공항을 경유해 김포국제공항으로 갈 예정이던 대한항공 902편이 내부 항법 장비 이상으로 소련 영공을 침범하는 바람에 소련 전투기에 의해 격추되어 핀란드 코르피야르비 호수에 불시착하는 사건이 벌어졌다. 당시 소련과의 국교가 없었기에 미국이 대리로 협상에 나서서 승객들을 귀환시키는 등 외교적으로 분주한 때를 보냈다. 직접 관여한 바는 없지만, 대한민국의 외교관으로서 긴장되는 일이었다.

1979년 10월 26일, 저녁 7시 40분경 서울 종로구 궁정동 중앙정보부 안가(安家)에서 박정희 대통령이 중앙정보부 부장 김재규에 의해 살해되었다는 소식이 들려왔다. 나라 안팎이 혼돈에 빠졌다. 게다가 충격이 채 가시기도 전에 12월 12일 군부 내 사조직 하나회를 중심으로 신군부 세력이 일어나 군사 쿠데타를 일으켰다.

1980년 3월, 서울에 돌아와 근무한 지 얼마 안 되던 때였다. 당직 근무 중에 군검열반 소령이 당직실을 불시 점검하여 그와 말다툼을 벌였다. 흉흉한 시국에 군부 세력에게서 눈총을 받을 만한 일을 했으니 자칫하면 신변이 위협받을 수 있을 것 같았다. 때마침 프랑스 국제행정대학원(IIAP, Institut International d'Administration Publique)에서 공부할 기회가 생겨 도망치듯 서둘러 파리로 향했다. 1981년부터 1983년까지 그곳 대학원에서 국제관계학을 공부했다.

　　그때 나와 마찰을 일으켰던 소령과는 오랜 뒤에 선교지에서 마주친 적이 있다. 그 사람에게나 나에게나 참으로 얄궂은 시대였고 운명이었다.

닥터 라비크 ●

파리에 머무는 동안에 나는 시내를 오가며 어릴 때 읽었던 문학 작품들을 떠올리곤 했다. 세계문화유산으로 등재될 만큼 파리의 예술과 역사를 같이해 온 센(Seine)강을 지날 때 문득 어릴 때 읽었던 작품들이 떠올라 상념에 젖곤 했다. 센강 위를 지나는 30여 개의 다리만 둘러봐도 웬만한 프랑스문학전집의 목록을 채울 수 있을 만큼 곳곳에 담긴 이야기가 풍부하다.

깊은 사색에 잠기고 싶을 때는 퐁데자르 다리(Pont des Arts)를 찾아가면 된다. 알베르 카뮈(Albert Camus), 장 폴 사르트르(Jean Paul Sartre), 아르튀르 랭보(Arthur Rimbaud) 등이 이 다리 위에서 센강을 바라보며 작품 구상을 하곤 했다고 한다. 보행자 전용 다리라 천천히 걷다가 난간에 기대어 센강을 내려다볼 수 있어 좋다.

또 에펠탑과 자유의 여신상을 한 번에 볼 수 있는 미라보 다리(Pont de Mirabeau)를 지날 때면, 기욤 아폴리네르(G. Apollinaire)의 시 한 토막을 읊조리곤 했다.

미라보 다리 아래 센강이 흐르고
우리의 사랑도 흘러간다
하지만 괴로움에 이어서 오는 기쁨을
나는 또한 기억하고 있으니
밤이여 오라
종은 울려라
세월은 흘러도 나는 여기에 있구나

파리에서 가장 아름답고 정교한 다리로 손꼽히는 알렉상드르 3세 다리(Pont Alexandre III)는 1900년 파리 만국박람회를 위해 세워졌는데, 러시아-프랑스 동맹을 기념하기 위해 러시아의 차르 알렉상드르 3세의 이름을 따서 명명되었다. 다리 양쪽 끝의 네 귀퉁이에 높이 20m의 기둥이 서 있고, 그 위에 금빛 청동상이 올라가 있어 멀리서도 한눈에 알아볼 수 있을 만큼 화려하다. 벨 에포크(belle époque)의 시대정신을 고스란히 담고 있다. '좋은 시대'라는 뜻의 벨 에포크는 프랑스 혁명 등 정치적 격동기가 끝나고 제1차 세계대전 이 시작되기 전까지의 평화롭고 풍요로웠던 시대를 가리킨다.

에펠탑이나 알렉상드르 3세 다리 등이 이 시기에 세워졌고, 클로 드 모네(Claude Monet), 오귀스트 르누아르(Auguste Renoir) 등 인상주의 화가들과 에밀 졸라(Emile Zola), 마르셀 프루스트(Marcel Proust) 등 프 랑스를 대표하는 소설가들이 바로 이 시기에 활동했다.

그런데 나는 화려한 알렉상드르 3세 다리보다 평범하다 못해 밋 밋하기까지 한 알마교(Pont de L'Alma)에 더 마음이 갔다. 30대 중반이 지나도록 대한민국의 벨 에포크를 한 번도 경험해 보지 못한 탓도 있을 테지만, 무엇보다도 알마교를 지날 때면 에리히 폴 레마르크 (Erich Paul Remark)의 《개선문》의 첫 장면이 떠올랐기 때문이다.

《개선문》은 독일 베를린의 큰 병원의 유능한 산부인과 의사였지 만, 나치에 쫓겨 파리 뒷골목에서 무면허 외과의 노릇을 하던 닥터 라비크(Dr. Ravic)와 그와 마찬가지로 떠돌이 신세인 이탈리아 출신 의 삼류 배우 조앙 마두(Joan Madou)의 사랑 이야기를 담고 있다. 제 2차 세계대전의 전운이 감도는 정세 속에서 두 사람은 안개처럼 모 호하고 불안한 사랑을 키워 간다. 하지만 결국 조앙이 질투에 빠진 한 남자의 총에 맞아 죽음으로써 비극적인 결말을 맞고, 제2차 세 계대전이 발발한다. 독일이 프랑스에 선전 포고를 하자 라비크는 자진해서 포로수용소를 향하는 트럭에 올라탄다.

어두운 밤, 주인공 라비크가 삼류 배우 조앙 마두를 처음 만난 곳이 바로 이 알마교여서 그 다리를 지날 때면 상념에 잠기곤 했다. 또 1997년에는 다이애나 스펜서(Diana Spencer) 전 왕세자비가 이혼한 지 꼭 1년 만에 알마교 지하터널에서 교통사고로 사망함으로써 이 다리에 슬픈 이야기가 더해졌다. 1992년 찰스 윈저(charles windsor) 황태자와 다이애나 비가 한국을 공식 방문했을 때, 의전심의관으로서 다이애나 비를 3박 4일간 수행한 적이 있어서 그녀의 죽음이 더욱 애틋했다.

닥터 라비크 하면 칼바도스(Calvados)를 떠올리지 않을 수 없다. 칼바도스는 프랑스 노르망디 지방에서 많이 나는 사과로 만든 브랜디인데, 사실 싸구려 독주다. 하지만 절망과 공포, 허무와 고독에 내팽개쳐진 라비크를 지탱해 준 친구 같은 존재다. 닥터 라비크는 샹젤리제 거리에 있는 카페 푸케(Fouquet's)에서 조앙과 술잔을 부딪칠 때마다 "살루트"(Salut)를 외치곤 했다. 살루트는 건강을 비는 스페인어 건배사다. 마지막에 라비크가 카페에서 "칼바도스 한 잔 마시고 죽어도 늦지 않아"라면서 술잔을 기울이던 장면이 인상적이다. 당시 도피하듯 파리로 날아온 나는 닥터 라비크에게서 묘한 동질감을 느꼈다.

30대 청년 외교관의 불안과 고민이 파리 곳곳에 묻어 있다. 나는 지금도 파리에 가거나 경유할 일이 있으면 짧은 시간이나마 나만의 코스를 돌아보곤 한다. 그러면 젊은 시절에 내가 고민했던 문제들이 해결된 것을 확인하거나 여전히 풀어야 할 숙제로 남아 있는 것들을 점검하고 정리하곤 한다.

1984년 2월, 스위스 주제네바 대한민국 대표부 참사관으로 부임했다. 주제네바 대한민국 대표부는 세계무역기구(WTO), 유엔제네바사무소(UNOG), 유엔인권최고대표사무소(OHCHR), 유엔난민기구(UNHCR) 등 여러 국제기구와 관련된 업무를 담당하는 재외공관이다.

그해 4월, 부활절 휴가 기간에 온 가족이 스위스 남부로 자동차 여행을 떠났다. 아스코나(Ascona) 호수 근처 호텔에 묵었는데, 아내와 아이들은 피곤한지 금세 잠들었다. 하지만 나는 잠이 오지 않아 밤 11시가 넘어서 혼자 자동차를 몰고 아스코나 호수와 루가노(Lugano) 호수를 둘러보러 갔다. 호수가 아름답기도 하지만, 헤르만 헤세가 반평생을 살다가 죽은 몬타놀라(Montagnola) 마을이 루가노 호숫가에 있어서 일부러 찾아간 것이다.

그날 밤, 어두운 길을 달리는데 마침 벚꽃 잎이 함박눈처럼 쏟아져 내렸다. 백미러에 흩날리는 꽃잎들이 영상처럼 비쳤는데, 마치 슬로비디오 화면을 보는 듯했다. 그 순간, '천국이 있다면 이런 모습이 아닐까?' 하는 생각이 들었다. 그날의 느낌이 얼마나 강렬했던지 지금도 가끔 꿈속에서 그 길을 달리곤 한다. 지금까지 130여 나라의 수많은 관광지를 다녀 봤지만, 아스코나 호수와 루가노 호수가 있는 남부 스위스보다 자연이 더 아름다운 곳은 없다고 생각한다.

그런데 왜 헤르만 헤세는 이렇게 아름다운 곳에서 살면서《수레바퀴 아래서》,《싯다르타》,《황야의 이리》등과 같은 무겁고 우중충한 분위기의 작품을 썼을까? 루가노 호수의 아름다운 전경과 헤세의 작품들의 부조화가 아이러니하게 느껴질 따름이다.

1987년, 본국에 귀임하여 외무부 경제협력 과장과 통상기구 과장을 거쳐 이듬해에는 의전 과장이 되었다. 외교부 의전 과장은 대통령의 해외 순방과 외국의 정상급 인사 방문을 담당하고 청와대의 외교 사절 관련 실무를 처리해야 하므로 1년 반 재임 기간 중 2-3일밖에는 휴가를 얻지 못할 정도로 고되게 일했던 기억이 난다.

어쩌다 그리스도인 ●

1990년, 주유럽연합(EU) 대표부 참사관으로 발령받아 벨기에 브뤼셀로 부임했다. 의전 과장으로서 대통령 해외 순방과 해외 VIP 방한 준비 등으로 눈코 뜰 새 없이 바쁜 1년 반을 보낸 뒤 부이사관으로 승진한 것이다. 1990년은 독일이 분단 41년 만에 공식적으로 통일을 선언하고, 프랑스 파리에서 22개 국가가 재래식무기감축조약(CFE)에 서명함으로써 제2차 세계대전 이후 50여 년간 계속되었던 냉전이 사실상 종식된 해다. 그해 8월 대한민국은 소련과 85년 만에 국교를 정상화했고, 12월에는 노태우 대통령이 모스크바를 방문하여 미하일 고르바초프(Mikhail Gorbachev) 대통령과 제2

차 정상회담을 하기로 되어 있었다.

나는 노 대통령의 소련 방문 준비를 위한 선발대로 차출되어 회담 한 달 전인 11월에 모스크바로 떠났다. 1988년부터 1년 반 동안 외무부 의전 과장으로서 노 대통령의 외국 공식 방문을 수차례 준비한 경험이 있으므로 모스크바의 어수선한 분위기에서 자칫 예민해질 수 있는 상황에 잘 대처할 수 있도록 본부에서 나를 급파한 것이다. 그곳에서 한 달간 머물면서 국빈 방문 행사를 천신만고 끝에 성공적으로 마치고, 크리스마스 무렵에 브뤼셀로 귀임했다.

그런데 그새 아내와 아이들이 개척 교회에 다니기 시작했다는 사실을 알게 되었다. 종교의 자유가 있으므로 아내의 종교 생활에 대해 가타부타할 일은 아니라고 생각했다. 그러나 '하필이면 왜 그 교회인가?' 하는 생각에 미간이 절로 찡그려졌다. 이미 성도가 200여 명이나 되는 꽤 오래된 한인 교회가 있는데, 군사 관련 외교 업무를 하는 국방무관(國防武官)이 꿈에 이곳에 새 교회를 세우라는 계시를 받았다면서 젊은 목사를 모셔다가 교회를 개척하다니, 빤한 교민 사회에 괜히 분란만 일으키는 것은 아닌가 하고 염려했기 때문이다.

그러나 아내는 같이 교회를 다니지 않으면 이혼하겠다고 협박(?)했을 뿐만 아니라 골프 파트너들이 그 개척 교회에 다니기 시작하자 상황이 달라졌다. 혼자 라운딩하게 생겼으니 더 이상 골프를 칠 수 없게 되었다. 답답하기가 이루 말할 수 없었다. 때마침 상무관과 공보관이 오전에 같이 예배를 드리고, 그다음에 골프 치러 가도 되지 않겠느냐고 해서 못 이기는 척하고 교회에 나가기 시작했다. 엉겁결에 온 가족이 교회에 다니게 된 것이다.

그러나 개척 교회에 대한 선입견이 있었으므로 이왕 교회에 다닐 것이라면 이곳 말고 더 오래된 교회를 다니는 편이 낫지 않을까 거듭 생각되었다. 하지만 20명 남짓 출석하는 작은 교회라 우리 가족이 나가지 않으면 전 교인의 4분의 1이 빠지게 되는 셈이니 차마 그러지도 못했다. 어쩔 수 없이 자리에 앉기는 했지만, 예배가 영 낯설기도 하고 교회란 의지가 박약한 사람들이나 다니는 데라고 여겼던 터라 멋쩍어서 내내 멀뚱거렸다. 그러다가 예배가 끝나면 부리나케 일어나 골프장으로 달려가곤 했다.

모교인 연세대학교가 미션스쿨이다 보니 기독교 관련 필수 학점을 이수하고 채플에도 참석하곤 했지만, 워낙 건성건성 했던 탓에 특별한 기억은 없다. 어머니가 성당을 다니셔서 나도 성당을 다니는 척했기 때문에 교회는 절대로 안 다닌다고 그때는 생각했었다.

성도 수가 워낙 적어서 누구라도 작은 일을 하나씩은 맡아서 해야 했다. 당시 우리와 함께 살던 음대 유학생 조카가 전자 오르간 연주를, 중3 딸이 피아노 반주를, 초신자인 내가 예배 사회를 맡아 기도와 찬양을 인도했는데, 얼마나 어설프게 보였을까 생각하니 얼굴이 붉어진다. 그러나 하나님이 기특하게 보셨을 것 같아서 흐뭇해지기도 한다.

좌충우돌하며 교회에 적응하다 보니 4개월이 흘렀다. 그러나 여전히 별 감동이나 느낌은 없었다. 부활절을 맞아 기존 벨기에 한인 교회와 우리가 다니는 브뤼셀 선교 교회가 합동 예배를 드리게 되었다. 교민들이 화합할 좋은 기회라 여겨 예배 준비를 적극적으로 도왔다.

1991년 3월 31일, 부활 주일은 내 평생 잊지 못할 하루가 되었다. 이상하게도 그날은 설교 말씀이 내 귀에서부터 심장까지 엄청난 속도로 직진하는 듯했다. 세세한 내용은 잊었지만, "우리는 모두 죄인이며, 죽음은 죄의 대가요, 죽고 나면 지옥에 가야 마땅한 존재들이다. 그런데 예수님이 우리를 위해 십자가에서 죽으시고 부활하셨으니 이를 믿으면 구원을 받고 천국에 가게 될 것이다"라는, 너무나 평범하면서도 복음에 충실한 내용이었다.

그런데 단순히 성경에 기록된 복음이 아니었다. 하나님이 나에게 친히 들려주시는 말씀 같아서 두렵기도 하고 벅차기도 했다. 가슴이 뜨거워지고 손끝이 떨렸다. 말 그대로 말씀이 내 "혼과 영과 및 관절과 골수를 찔러"(히 4:12) 쪼개는 경험을 한 것이다. 어느새 얼굴 위로 눈물이 흘러내렸다. 가슴속 깊은 곳에서부터 회개와 감사의 고백이 터져 나오더니 이내 주체할 수 없는 환희에 사로잡혔다.

이것이 성령 체험이라는 것을 나중에야 알았다. 그날 이후 성경이 읽고 싶어지고, 주일 예배가 기다려지고, 하나님을 알고 싶은 절실한 마음이 생겼다.

그리고 불현듯 25년 동안이나 까맣게 잊고 지냈던 일이 떠올랐다. 1967년, 대학 1학년 여름 방학 때 가족들이 살고 있던 신탄진에서 친구들과 술을 마시고 귀가하던 길이었다. 작은 언덕 위 교회에서 노랫소리가 흘러나와 올려다봤다. "이화여대 김활란 박사 초청 심령 대부흥회"라고 크게 쓰인 포스터가 눈에 들어왔다. '이화여대라면 바로 내 이웃 학교가 아닌가? 김활란 박사가 무슨 일로 이런 촌스러운 동네까지 오셨을까? 어디, 어떻게 생기셨는지 얼굴이나 한번 보자!'

술기운에 객기를 부리며 교회 문을 열고 성큼성큼 걸어 들어갔다. 저만치 앞에 모시 한복을 입은 여성이 서 있었다. 단아한 모습이 참 곱다는 생각이 들었다. 그분 앞으로 사람들이 줄을 서 있었는데, 나도 멋모르고 긴 줄 뒤에 따라 섰다.

드디어 내 차례가 되어 김활란 박사 앞에 섰다. 김 박사가 내게 무어라 말하더니 무엇을 하겠느냐고 묻는 것 같았다. 그 말이 무슨 뜻인지도 모른 채 "네"라고 대답했다. 그러자 김 박사가 환한 미소로 눈인사를 하며 "반갑습니다. 축복합니다"라고 말했다. 나도 따라 웃으며 "반갑습니다" 하고 꾸벅 인사를 했다. 그러고는 터덜터덜 걸어서 집으로 돌아가 기분 좋게 잠들었던 기억이다.

아마 그때 김활란 박사는 내게 "예수 그리스도를 영접하고, 세상에 복음을 전하겠습니까?"라고 물었을 것이다. 스무 살 철부지는 그게 무슨 말인지도 모르고 "네"라고 대답하고는 까맣게 잊어버렸다. 그런데 하나님은 잊지 않으셨고, 25년 만에 브뤼셀에서 "내가 네 대답을 기억한다"고 일깨워 주신 것이다.

부활절에 성령을 체험한 뒤로 나는 이전과 다른 사람이 되었다. 주일 예배가 끝나기만을 기다렸던 사람이 주일 성수는 물론이고 수요 예배, 금요 철야 예배 등 예배란 예배는 다 참석했다. 업무 전에 30분간 말씀을 읽고 사역지를 위해 기도하는 것으로 하루를 시작했고, 대사관 동료들과 기도 모임을 하기도 했다. 또 교회에 처음 출석할 때부터 으레 그래야 하는 줄 알고 십일조를 해 오긴 했지만, 전에는 내가 드리는 10분의 1이 더 커 보였다면 이제는 내게 주신 10분의 9에 감사하는 마음이 더 커졌다. 그래서 수입이 생기면 십일조부터 철저하게 떼어 놓는 것이 습관이 되었다.

그런데 사실 신앙의 열의만큼이나 믿음의 부침도 심했다. 한동안은 세상에서 즐겼던 향락과 유흥이 문득문득 소름 끼칠 정도로 그리워지곤 했다. 겉으로 티를 내지는 않았지만 마음이 요동칠 때마다 부끄러워 견딜 수가 없었다. 그럴 때마다 모태 신앙인이나 신앙의 연조가 긴 사람들이 몹시 부러웠다. 적어도 그들에게서는 신앙이 뿌리째 흔들리는 모습은 보이지 않으니 말이다.

다행히 시간이 갈수록 마음의 동요가 잦아들어 안정된 신앙생활을 할 수 있게 되었다. 무슨 일에든 먼저 하나님의 지혜를 구하는 습관을 들이려 노력했다. 매일 말씀을 읽고 찬양을 들으니 하루하루가 여유롭고 흥겨웠다. 심지어 평범한 날조차 기쁠 수 있다는 사실이 놀라웠다.

만나는 사람마다 인상이 달라졌다며 비결이 뭐냐고 물었다. 사람을 만나는 일이 주 업무인 외교관으로서 듣기 좋은 평가였다. "너희는 이 언약의 말씀을 지켜 행하라 그리하면 너희가 하는 모든 일이 형통하리라"(신 29:9)라는 말씀이 내 삶 속에서 이루어지는 것을 체험했다.

사람들은 "잘나가던 김광동이 예수 믿고 복 받더니 더 잘나간다. 하는 일마다 잘되더라"라며 부러워했고, 나를 변화시키신 예수님에 관해 궁금해했다. 그 덕분에 주변 사람들에게 전도가 수월하게 잘되었다.

말과 행동이 쌓는 삶 ●─────────

　　첫사랑의 기억은 평생 잊히지 않는 법이다. 어린 소녀와
의 풋내 나는 사랑도 잊히지 않는데, 교회에서 처음 느낀 하나님의
사랑은 어떻겠는가? 브뤼셀 선교 교회에서 처음 하나님의 말씀을
제대로 읽고 들었으며, 무슨 뜻인지도 모른 채 하나님을 찬송하는
노래를 불렀다. 처음에는 여느 사교 모임처럼 사람들과 원만하게
잘 지내는 것이 교회 생활을 잘하는 것이라고 생각했다. 매주 교양
인으로서 덕이 되는 좋은 말씀을 듣고, 성품이 좋은 사람들과 친교
를 나누는 것이 교회 생활의 전부였기 때문이다.

　　그랬던 내가 부활절 설교를 듣고, 말씀이 내 폐부를 찌르고 오장

육부를 쪼개는 것을 경험했다. 내 인생이 주전(Before Christ)과 주후(Anno Domini)로 나뉜 것이다. '주후'로 번역되는 라틴어 '안노 도미니'는 단순히 '예수 그리스도의 탄생 후'를 의미하는 것이 아니다. 영어로 뜻을 풀이하면 'in the year of our Lord', 즉 우리가 사는 모든 해가 '내내 주님의 해'라는 뜻이다. 인류의 시간은 이미 주전과 주후로 나뉘었다. 주님을 알든 모르든, 인정하든 안 하든 우리는 모두 '주님의 시간' 안에서 살아가고 있는 것이다. 얼마나 의미심장한가! 내 삶에 의미심장한 전환점을 찍어 준 브뤼셀 선교 교회는 그래서 내게 첫사랑과도 같다.

당시 브뤼셀 선교 교회를 개척하고 시무했던 젊은 목사님을 기억한다. 안성삼 목사님은 내가 처음으로 오래 대화해 본 첫 번째 목회자다. 나이는 나보다 젊지만, 그분의 말과 행동을 보고 감화를 받은 적이 한두 번이 아니었다.

저녁에 퇴근하여 집으로 갈 때면 늘 우리 교회가 세 들어 있던 미국인 교회 앞을 지났는데, 볼 때마다 다락방에 불이 켜져 있어서 '누가 불 끄는 것을 자꾸 잊는가 보다' 하고 생각했다. 어느 날, 아예 차를 돌려 교회 건물 앞에 세우고는 불을 끄기 위해 계단을 올라갔다. 그런데 누군가가 흐느끼며 기도하는 소리가 들려왔다. 예배실 문을 조심스럽게 열어 보니 안성삼 목사님이 바닥에 무릎을 꿇고 앉아 간절히 기도하고 있었다. 간간이 성도들의 이름이 들렸다. 그 순간, '저런 분이 믿는 하나님이라면 나도 믿고 싶다'는 생각이 들었다. 그리고 나서 2주 후 부활 주일에 회심을 경험했다.

한번은 교회 수련회에서 아이들에게 자기 아빠에게 하고 싶은 말을 자유롭게 하는 시간을 주었다. 안 목사님의 어린 아들 요한이가 대뜸 "난 우리 아빠가 목사님인 게 싫어요. 재현이 형 아빠처럼 외교관이었으면 좋겠어요. 그러면 마당 넓은 집에서 강아지도 키우고, 매일 오렌지주스랑 콜라를 마실 수 있잖아요. 나도 형처럼 리바이스 청바지를 입고 싶단 말이에요" 하고 말해서 마음이 편치 않았다. 그래서 출장 다녀오는 길에 아들 재현이의 청바지를 살 때 요한이 것도 사서 선물했다.

얼마 후에 소련이 붕괴하면서 신분이 불안정해지는 바람에 생활고를 겪게 된 러시아인들을 돕기 위해 우리 교회에서 바자회를 열기로 했다. 각 가정에서 안 쓰는 물건이나 옷가지를 가져와 교회 문앞에 놓인 상자에 넣기로 했는데, 내가 얼마 전에 요한이에게 선물한 새 리바이스 청바지가 상자에 담겨 있는 것이 아닌가! 안 목사님에게 어떻게 된 일이냐고 물으니 "우리 요한이는 이미 바지가 많습니다. 러시아 소년에게 이왕이면 좋은 옷을 나눠 주는 것이 낫지 않겠습니까?" 하고 담담한 목소리로 대답했다. 이상하게도 기분이 상하기는커녕 고개를 끄덕이며 그분의 말에 동의하고 말았다.

매사 그런 식이었다. 요한이가 안쓰러워 오렌지주스와 콜라를

사다가 사택에 올려놓으면, 그 주일에 영락없이 애찬식 후 음료로
도로 나왔다. 안 목사님은 결벽증이 아닌가 싶을 정도로 철저하게
소유를 관리했다. 그런데도 그분의 말과 행동이 지나치다거나 불편
하게 느껴지지 않았던 이유는 그분이 단순히 금욕한 것이 아니라
늘 더 좋은 것과 더 중요한 것을 선택하느라 덜 좋은 것과 덜 중요
한 것을 손에서 내려놓는다는 사실을 알았기 때문이다.

지금은 전남 광주에서 혜성교회를 담임하며 대한예수교장로회
총회장과 국제신학대학원대학교의 총장으로 재임하는 등 국내 교
계에서 비중 있는 역할을 감당해 나간다는 소식을 접하니 역시 진
정성 있는 말과 행동이 모여 영향력 있는 삶을 이루는구나 싶다. 오
늘 내가 하는 말과 행동이 결국 내 삶을 이룬다는 사실을 알게 해
준 브뤼셀의 젊은 목사님에게 깊은 존경과 감사를 드린다.

필연의 눈물 ●

1992년 8월, 의전 심의관으로 부름을 받아 본국으로 귀임했다. 브뤼셀에서 1년여간 우왕좌왕하면서도 믿음의 기쁨을 알아 가던 때라 귀국할 때부터 내 관심사는 교회였다. 초신자로서 배우고 싶은 것이 무척 많았기 때문이다. 그런데 서울의 수많은 교회 중에 어느 곳을 다녀야 할지 알 수 없었다. 우선 소위 유명하다는 교회들을 다니며 예배를 드려 봤지만, 브뤼셀에서 다녔던 교회보다 성도 수가 훨씬 더 많고 비교할 수 없을 정도로 규모가 커서 그런지 낯설게 느껴지곤 했다.

몇 주 동안 마음을 정하지 못하니 조바심이 날 만도 한데, 하나님이 인도하신다는 믿음 때문인지 이상할 정도로 마음이 평온했다. 오히려 갈수록 기대감이 커지고 설레었다.

그러던 어느 날 밤, 꿈에서 어느 교회의 문을 열고 들어가 계단을 따라 돌고 돌아 올라가 큰 성전에 들어갔다. 전면에 붉은 벽돌 벽이 보이고, 그 앞에 각진 턱으로 빙 둘러싸인 넓은 강대상이 있었다. 성전 뒤편 양측에 선 굵은 기둥이 높은 천장까지 이어져 있고, 2층 난간이 보였다. 잠에서 깬 나는 아내에게 꿈 이야기를 들려주며 "내가 꿈에서도 교회를 찾아다니다니…" 하고 피식 웃었다.

그 주일에는 이촌동에 있는 온누리교회를 방문하기로 되어 있었다. 예배 시간에 맞추어 도착해 큰 유리문을 열고 로비로 들어가니 사람들이 왼쪽 계단으로 줄 이어 올라가는 모습이 보였다. 계단을 따라 돌고 돌아 올라가니 넓은 성전이 나왔다. 열린 문을 들어서는 순간 데자뷔(deja vu)가 느껴졌다. 붉은 벽돌 벽에 각진 턱이 둘러친 강대상, 뒤편의 흰 기둥과 2층 예배 공간이 꿈에서 본 모습 그대로였던 것이다.

드디어 하나님이 예비하신 그곳을 찾은 것이다. 아내는 하용조 목사님의 말씀에 은혜가 넘친다며 이 교회에 곧바로 등록하자고 했다. 더 기다릴 이유가 없었다. 예배가 끝난 뒤 바로 교인 등록 절차를 밟았다.

당시 온누리교회는 "2000/10000 비전"을 선포하고, 이 비전을 중심으로 모든 사역이 진행되고 있었다. 지금은 고인이 되신 하용조 당시 담임목사님이 설교 때마다 2010년까지 2,000명의 선교사와 10,000명의 평신도 사역자를 세울 것을 선포하셨다. 4주간의 새가족 교육을 받고 나서 받은 내 교적 번호를 보니 성도 수가 이제 겨우 4,000명을 넘었던데, 2,000명의 선교사를 파송하겠다고 하니 머리로는 말도 안 되는 목표라고 생각하면서도 이상하게 가슴이 벅차올랐다. 다른 사람도 아닌 바로 내가 일만 사역자로 파송받게 될 줄은 그때는 알지 못했다.

온누리교회는 주일만이 아니라 월요일부터 금요일까지 다양한 프로그램이 운영되고 있어서, 배우고자 하는 열망으로 가득 차 있던 내게는 그보다 더 좋을 수가 없었다. 나는 일주일 내내 하루도 빠짐없이 교회를 드나들었다. 새벽 기도회를 시작으로 월요 치유집회, 화요 성령 집회, 수요 예배, 목요 경배와 찬양 집회, 금요 철야 예배 등 가능한 한 모든 예배와 집회에 참석했고, 토요일 새벽에는 하용조 목사님이 소그룹으로 인도하시는 성경 공부 모임(토성회)에 나갔다.

그것도 모자라 어디서든 틈만 나면 성경책을 꺼내 읽고 또 읽었다. 내 영혼이 그렇게 목말라 있는 줄 미처 몰랐다. 콸콸 솟는 말씀의 생수를 몇 날 며칠, 몇 달 동안 벌컥벌컥 들이켰다. 지금도 그때 읽었던 성경책을 펼쳐 보면 곳곳에 남아 있는 눈물 자국을 찾아볼 수 있는데, 얼마나 많은지 자국 없이 깨끗한 페이지를 찾기가 힘들 정도다.

멘티(mentee)로서 신앙의 멘토(mentor)를 만나 일대일 제자 양육을 받고 난 뒤에는 양육자반에 등록하여 멘토가 되는 훈련을 받았다. 그렇게 1년여 동안 일종의 집중 코스(Intensive Course)를 밟은 셈이다. 하나님을 모른 채 살아온 지난 세월이 얼마나 허망하던지, 천금같이 귀한 날들을 허송했다는 생각에 어떻게든 보전하고 싶었던 것이다.

'내가 그렇게 눈물이 많은 사람이었던가?' 하고 스스로 놀랄 정도로 눈물이 아무 때나 솟곤 했다. 설교를 들어도, 말씀을 읽어도, 찬양을 들어도 눈물이 났다. 믿음의 사람들과 이야기를 나누다가 울컥한 적도 한두 번이 아니다. 심지어 눈에 보이는 것마다 하나님이 지으신 작품이라 생각하니 눈가가 절로 촉촉해지곤 했다. 말씀과 기도로 들이켠 생수가 내 안에 가득한 세상 묵은 때를 씻어 밖으로 방출하는 듯했다. 생명수의 순환이라고나 할까? 그런데 지금은 그 소중한 눈물이 점점 말라 가는 것 같아서 안타깝다.

1993년, 외무부 의전 심의관에서 통상국 심의관으로 전보 발령을 받아 한창 바쁠 때 일대일 양육자반을 졸업했다. 바로 그 무렵에 브뤼셀의 개척 교회에서 함께 믿음 생활을 했던 이종구 상무관(후에 특허청 차장을 거친 후 캐나다 인디언 지역과 르완다, 콜롬비아에서 선교사로 헌신했다)에게서 연락이 왔다. 본국으로 귀임한 그는 방배동에 있는 새빛맹인 선교회(이하 새빛선교회)에서 봉사하고 있다고 했다. 새빛선교회는 이청준의 소설을 이장호 감독이 영화화한《낮은 데로 임하소서》의 실제 주인공 안요한 목사님이 시각장애인의 영혼 구원을 위해 설립한 교회 공동체다. 교회에서 주일 점심시간에 맛있는 국수를 대접할 테니 한번 다녀가라는 인사에 알겠노라고 대답했다.

얼마 지나지 않아 새빛선교회에서 주일 예배를 드리고 이종구 상무관의 안내를 받아 교회 식당으로 들어가니 시각장애인 성도들과 봉사자들이 한자리에 모여 잔치 국수를 먹고 있었다. 그 자리에서 안요한 목사님과 인사하고 함께 식사하며 이야기를 나눴다. 이 상무관의 말대로 국수가 참 맛있었다. 어느 기업 회장이 선교회에 국수 면을 평생 제공해 주기로 약속했다는 말을 들은 기억이 난다. 그 맛있는 국수를 1년 반이나 더 먹게 될 줄이야…. 그후 몇 주간을 온누리교회 예배 후에 참여하고 있었는데, 안 목사님이 갑자기 내게 주일 성경 공부반을 인도해 달라고 부탁한 것이다.

"우리 교인 대부분은 자기 몸을 의탁할 데가 딱히 없는 시각장애인들이랍니다. 노숙자였던 분들도 많고요. 그분들이 자립할 수 있도록 점자, 컴퓨터, 침술 등을 가르치고는 있지만 무엇보다도 신앙 훈련이 가장 중요하지 않겠습니까? 듣자니 온누리교회 성도들은 누구나 일대일 제자 양육을 받아 말씀을 많이 안다고 하던데, 수고

스러우시겠지만 주일마다 오셔서 말씀을 좀 가르쳐 주시면 어떻겠습니까?"

나도 초신자인데 누구를 가르치겠느냐며 사양했지만, 시각장애인들이 성경을 체계적으로 공부할 수 있도록 도와 달라는 말에 차마 거절할 수가 없었다. 또 하용조 목사님이 늘 주변의 어려운 교회를 돌아보고 그들을 섬기라고 말씀하셨던 것이 떠올라 그 요청을 하나님의 부르심으로 알고, 매 주일 오후 1시부터 2시 반까지 90분간 성경 공부반을 맡아 인도하기로 했다.

일단 약속은 했지만, '초신자인 내가 과연 다른 사람들에게 성경을 가르칠 만한 능력이 있을까?' 하는 의구심에 자신감이 떨어졌다. 성경을 좀 더 읽고, 좀 더 기도하며 낮은 마음으로 지혜를 구할 수밖에 없었다.

그런데 막상 온누리교회의 일대일 제자 양육 교재를 가지고 성경 공부반에 들어가서 보니 40여 명의 시각장애인 성도들이 얼마나 집중하며 듣던지! 나는 그들에게 은혜를 받고 더 열심히 준비하게 되었다.

매주 말씀 암송 숙제를 내곤 했는데, 초반에는 점자를 아직 익히지 못했거나 성경을 처음 접하는 이들이 많아서 대부분 짧은 구절도 외우기 힘들어했다. 그런데 그중 유독 한 사람만은 늘 완벽하게 외워 오곤 했다. 무리다 싶은 긴 구절도 막힘없이 술술 외우는 모습을 보니 도전받지 않을 수가 없었다. 명색이 선생인데, 최소한 그 학생만큼은 외워야 하지 않겠느냐는 마음에 온종일 말씀을 읽고, 듣고, 되뇌었다. 그렇게 해서 이듬해 중국 공사로 부임하기 전까지 1년 반 동안 성경 공부반을 인도하면서 암송했던 구절들은 지금까지 내 인생의 자산으로 쓰이고 있다.

당시 통상국 심의관으로서 새로 수교한 중국과의 교역이 급증하면서 한중, 한미, 한일 통상 현안을 놓고 상대국들과 첨예하게 대립하는 등 통상 협상 자리에서 전투력을 발휘해야 할 때가 많았다. 그 힘든 시기에 나를 붙들어 주고 힘이 되어 준 것은 하나님의 말씀이었다. 그래서 온누리교회와 새빛선교회를 오가며 사역하랴 공부하랴 아무리 고되어도 생명의 말씀을 놓을 수가 없었다. 오히려 살기 위해 말씀을 더욱 굳게 붙잡을 수밖에 없었다.

결과적으로, 그들에게 말씀을 가르친 기억보다는 배운 기억이 훨씬 더 크게 남았다. 그들 덕분에 어느 때보다도 열심히 말씀을 공부했기 때문이다. 하나님이 그들을 위해 나를 보내신 것이 아니라 나를 위해 그들을 보내 주셨다는 사실을 뒤늦게 깨달았다. 이 과정을 통해 토기장이 하나님은 '나'라는 그릇을 다 빚고 난 다음에 쓰시는 분이 아니라 그릇을 쓰면서 그릇의 모양을 잡아 가시는 분임을 배웠다. 그러니 좋은 그릇이 되고 싶으면, 하나님의 손에 온전히 맡겨 드리면 된다. 물레 위에 놓인 진흙 덩이처럼 말이다.

대륙의 새벽 ●

1995년 2월, 북경 주중 대사관 경제 공사로 부임하게 되었다. 이것은 기도 응답이었다. 그 무렵 하용조 목사님은 "성령을 받은 사람은 어떤 나라가 계속 생각나고, 그 나라를 생각하면 눈물이 나곤 합니다. 그런 사람은 선교사로든 무엇으로든 그 나라로 가야 합니다"라고 설교하곤 하셨다. 그렇지 않아도 중국이 머릿속을 떠나지 않고, 중국을 위해 기도할 때마다 눈물이 나서 언젠가 중국에서 근무하게 되기를 원했는데, 하나님이 내 기도에 응답해 주신 것이다.

지금은 목사가 된 문봉주 당시 심의관도 6개월 뒤에 주중 정무 공사로 발령받아 나와 함께 중국에서 근무했다.《성경의 맥을 잡아라》(두란노, 2007)의 저자 문봉주 대사로 널리 알려진 문 공사는 사실 젊은 시절 강남 유흥가를 함께 오가던 둘도 없는 술친구였다. 나중에 알고 보니 모태 신앙인이었지만, 한창 어울려 다닐 때는 그가 그리스도인이리라고는 꿈에도 생각하지 못했다. 내가 벨기에 근무를 마치고 본부 통상 심의관으로 부임했을 때 그는 아주국 심의관으로 귀국했는데, 그와 오랜만에 우연히 마주친 곳이 교회였으니 얼마나 놀랐겠는가! 새벽 기도를 마치고 나오다가 서로를 발견한 순간 서로 까무러칠 정도로 놀랐던 기억이 난다.

문봉주 공사가 회심하게 된 이야기를 들어 보니 그가 나보다 조금 더 앞서 회심한 듯했다. 우리는 역전의 용사처럼 다시 한 번 의기투합했다. 이번에는 술이 아닌 말씀과 기도로 견주며 앞서거니 뒤서거니 했다.

김하중 장로님(주중 대사와 통일부 장관 역임)도 곧 믿음의 동지가 되어 이후 《하나님의 대사》(규장, 2010)를 포함한 여러 편의 신앙 서적을 집필했으며, 국내외에서 말씀 집회를 여는 등 하나님 나라 확장을 위해 귀하게 쓰임 받고 있다.

우리는 믿음 없던 젊은 시절을 함께 했기에 각자 회심한 이후에 몸은 비록 떨어져 있어도 서로 기도로 응원하며 성령 안에서 무시로 소통하는 관계가 되었다. 하 목사님은 나와 김하중 장로님과 문봉주 공사를 한데 묶어 "외교부의 돌탕(돌아온 탕자) 삼인방"으로 부르길 좋아하셨다. 우리 돌탕 삼인방은 2004년에 함께 장로 장립을 받고 나서 각자 자기 자리에서 하나님의 사역을 잘 감당해 가고 있으니 은혜 중에 은혜가 아닐 수 없다.

중국에서의 신앙생활은 기대했던 것보다 훨씬 더 긴장감이 넘쳤다. 외교관, 언론사 특파원, 상사원 등 한국인이 많이 사는 차오양구(朝陽區) 아시아선수촌아파트 단지 야윈춘(亞運村)에 있는 북경 한인 교회에 다니게 되었는데, 중국은 중국 공산당의 통제를 받는 삼자교회가 아닌 이상 대외적으로는 교회로 부를 수 없고, 담당 목사님도 선생님으로 불러야 하는 상황이었다. 그런데도 알음알음 모인 한인 그리스도인이 700명이나 되었다.

그곳에서 1년 남짓 예배를 드렸는데, 1996년 2월, 느닷없이 온 교인의 가슴을 철렁하게 하는 소식이 날아들었다. 3월 말에 끝나는 임대차 계약을 연장하지 않겠다는 통보를 받은 것이다. 공산당의 입김이 작용했으리라는 것을 교인이라면 누구나 짐작할 수 있었다. 기한이 한 달밖에 남지 않았는데, 예배 장소를 갑자기 어디서 구한단 말인가! 막막했지만, 손놓고 앉아 있을 수만은 없었다. 나는 박태윤 목사님(현재 북경21세기교회 담임)에게 3월 한 달 동안 온 교인이 함께 새벽 기도를 하자고 제안했다.

3월 1일, 황사가 유난히 짙은 날이었다. 새벽 5시에 10여 명이 교회에 모였다. 새벽 기도회를 드리기 위해 모두 자모실로 향했다. 열쇠로 잠긴 문을 열고 들어서는데, 안에서부터 밝은 빛이 쏟아져 나왔다. 순간적으로 '간밤에 불을 켜 둔 채로 문을 잠갔던가?' 하는 생각이 들었지만, 그것은 전등 불빛이 아니었다. "아!" 나도 모르게 탄성이 터져 나왔다. 짧은 시간이었지만, 세상에서 본 적 없는 기이한 빛이 그곳에 모인 사람들을 모두 감싸는 것을 느꼈다. 더욱 놀라운 사실은 그 빛을 나만 본 것이 아니라는 것이다. 당시 함께했던 성도들이 모두 기이한 빛을 목격했고, 그들도 나처럼 잠시 말을 잃고 외마디 감탄만 내뱉었다.

바로 예배를 시작했지만, 말씀을 전하는 목사님이나 듣는 교인들이나 모두 눈물을 흘리느라 서로 무슨 말을 하는지 듣는지, 모를 지경이었다. 얼굴 위로 흘러내리는 눈물을 닦고 연신 코를 훔치며 기도하는데, 하나님이 이렇게 말씀하시는 듯했다.

"얘들아, 고맙다. 너희들 덕분에 이 중국 땅에 처음으로 새벽 기도가 시작되었구나."

중국은 몇천 년 동안 복음의 불모지로 남아 있었다. 그런데 그곳에서 우리가 캄캄한 새벽을 기도로 깨운 것이다. 시작은 빛 한 점으로도 충분하다. 동이 트면 어둠은 물러갈 것이고, 곧 빛이 사위를 가득 채울 것이다. 나는 중국 대륙을 가득 채울 빛을 미리 본 목격자가 되었다.

당시는 중국이 한국의 경제 투자를 바라던 때였다. 나는 중국 측에 "사람이 왜 돈을 버는가? 행복하려고 돈을 버는 것 아니겠는가? 한인 그리스도인의 행복은 예배이니 부디 막지 말아 달라"고 부탁했다. 중국 정부는 그 당시 드러내 놓고 방해하거나 해코지하지는 않았지만, 부정적인 태도는 여전했다.

하나님이 예비하신 곳이 어딘가에 있으리라는 믿음과 소망으로 온 교인이 합심하여 기도했다. 그러나 보름이 지나도록 마땅한 곳을 찾지 못했다. 소망이 깊어질수록 사탄의 바리케이드는 점점 더 높아지는 것 같았다. 첫날의 감격이 스러질까 봐 더욱 열심히 기도했다.

이제는 소망이 아니라 믿음을 지키게 해 달라고 할 만큼 절박해질 때쯤, 공로명 당시 외교부 장관이 중국을 공식 방문한다는 소식이 전해졌다. 장관 부인이 독실한 그리스도인이라는 사실을 알고 있던 나는 개별 만남을 요청하여 우리가 처한 심각한 상황을 전하고 도움을 구했다. 방문 일정을 마친 장관 부인이 귀국하기 전에 나에게, 공 장관이 중국 측에 예배 장소를 마련하도록 협조해 달라고 은밀히 요청해 놓았다고 귀띔해 주었다.

그로부터 닷새쯤 지나서 공산당 종교부에서 전화가 왔다. 아시아선수촌의 임대차 계약은 갱신할 수 없지만, 500명을 수용할 수 있는 장소는 있는데 임차하겠느냐고 물었다. 중일 수교 기념으로 일본 자본이 지은 21세기호텔의 3층 공간을 빌려주겠다는 것이었다. 이 건물이 외부로부터 비교적 차단된 곳이라 한인 그리스도인들이 많이 모여도 안심이라고 생각했던 것 같다.

하지만 교인 수가 700명이 넘는데 500명밖에 수용이 안 되는 곳이라니, 그들의 제안을 받아들여야 할지 고민이었다. 회의 끝에 생각을 전환하여 예배 시간을 나누어 인원을 분산시키기로 했다. 오전 9시에 성인 예배를 드리고, 오전 11시에는 청년 예배를 드리기로 했다. 그러자 오히려 교인 수가 기하급수적으로 늘어나서 몇 달 후에는 오후 2시에 3부 예배까지 생겼다.

나는 경배와 찬양팀을 구성하여 찬양 예배를 섬겼고, 문봉주 공사는 청년부 성경 공부반을 맡았다. 새로운 예배 처소를 구하기까지 문봉주 공사가 중국 정부와 외교부를 동분서주하며 설득했던 모습이 눈에 선하다. 그 덕분에 모든 것이 합력하여 선을 이루는 역사를 목도할 수 있었다.

그즈음에 문 공사가 우연한 기회에 건강 검진을 받았다가 위암 판정을 받고, 치료차 귀국했다. 그때 서울에서 수술을 받고 귀임한 그는 항암 치료를 받으면서도 유진소 목사님의 "성경 탐구 40일 작전"을 뼈대로 청년들을 위한 성경 공부 모임을 계속했는데, 교회 청년들의 영적 성장을 꿈꾸며 고시 공부하듯이 공부하며 가르쳤다고 한다. 이후 문 공사는 귀국하여 온누리교회에서 "성경의 맥을 잡아라"라는 주제로 매주 부속 예배실에서 강의했는데, 수강생들이 점점 늘어나 모임 장소를 본당으로 옮길 정도로 인기가 많았다. 하나님이 그에게 말씀의 은사를 듬뿍 부어 주신 듯하다.

그 후 문봉주 공사는 뉴질랜드 대사와 뉴욕 총영사를 역임하고, 신학을 공부하여 목사 안수를 받고 동경 온누리교회를 섬긴 후 은퇴했다. 하지만 하나님을 향한 그의 열정은 멈추지 않아 현재 성경 보급을 주 사역으로 하는 NGO 단체 G&M글로벌문화재단(Grace & Mercy)의 일본 지부장으로 섬기고 있다.

하나님의 대사로 거듭나기 ●

　　1996년 12월, 우리나라가 드디어 선진국 대열로 나아가는 관문이라고 할 수 있는 OECD(경제협력개발기구)에 정식 가입하여 29번째 회원국이 되었다. OECD는 1961년 9월 파리에 본부를 두고 창설된 국제경제기구로 '선진국 클럽'으로도 불린다.

　　1980년대 말 냉전 시대가 막을 내리면서 국제 관계가 경제적 이해관계 중심으로 변화해 감에 따라 우리나라도 안보·경제외교 측면에서 질적인 변화가 필요한 시기였다. 1978년부터 옵서버(observer)로 참석하기 시작하여 근 20년 동안 회원국 후보로서 매년 조사를 받아 오다가 마침내 1996년 9월에 심사를 통과하여 가입에 성공한 것이다.

단순히 1인당 국민소득이나 무역량이 증가해서 가입된 것은 아니다. 사실 당시 우리나라는 OECD 가입 조건을 충족할 정도의 수준에는 미치지 못했지만, 많은 부분에서 노력을 기울인 결과 사회·경제 발전이라는 측면에서 잠재력이 인정된 덕분에 가입할 수 있었다. 오랜 소망이 이루어지자 우리나라는 더욱 희망으로 부풀어 올랐다.

1997년 초, 북경에서 나는 본부 국장 발령을 기다리고 있었는데, 갑자기 주OECD 대한민국 대표부 초대 공사로 임명되어 1997년 1월 말, 몇 년 만에 다시 프랑스 파리 땅을 밟았다. 그런데 여독을 풀 새도 없이 임홍재 참사관(주베트남 대사 역임)이 찾아와 내 앞에 서류 더미를 내밀었다. 다음 주 월요일에 있을 집행위원회 회의에서 우리나라 국회에서 일어난 노동법 날치기 파동 문제로 회원국들의 질문과 비판이 쇄도할 것이 뻔하여 수석 대표인 내가 자료를 검토하고 답변을 미리 준비해야 한다는 것이었다. 국제기구마다 여러 언어를 공용어로 쓰는데, OECD의 공용어는 영어와 불어다. 임 참사관이 회의 석상에서 불어로 발언하면 큰 도움이 될 것이라고 조언해 주었다.

OECD는 '개방된 시장 경제', '다원적 민주주의', '인권 존중'이라는 3대 가치를 공유하는 국가들에만 문호를 개방하는, 가치관의 동질성을 매우 중시하는 기구인데, 공교롭게도 OECD에 정식 가입하자마자 1996년 12월 26일 새벽, 국회가 노동법 개정안을 날치기 처리하는 사건이 벌어진 것이다.

시차에 적응할 틈도 없이 주말 내내 밤을 새우다시피 하여 방대한 자료를 모두 검토했다. 월요일 아침, 파리 서쪽 불로뉴의 숲 근처에 있는 샤토 드 라 뮈에트(Chateau de la Muette)로 향했다. 16세기 말부터 왕실 사냥터와 왕궁으로 쓰이던 곳인데, 1961년 이곳에서 OECD가 탄생한 이래 지금까지 OECD 본부로 사용되고 있다. 1783년, 이곳 정원에서 몽골피에(Montgolfier) 형제가 역사상 최초로 열기구 비행에 성공한 것으로 유명하다.

회원국들의 국기가 진열된 복도를 지나 본회의장인 그랑 살롱(Grand Salon)에 들어섰다. 긴 탁자가 사면 벽을 직각으로 돌며 커다란 네모를 그리고 있었고, 프랑스어로 쓰인 29개 회원국의 명패가 알파벳 순서대로 탁자 위에 놓여 있었다. "République de La Corée"(대한민국)라고 쓰인 명패 뒤에 앉아 주위를 둘러본 순간, 6·25전쟁 직후 목격했던 폐허만큼이나 황량했던 어린 시절이 눈앞에 주마등처럼 스쳐 지나갔다. 불과 50년이 흘렀을 뿐인데, 선진국 클럽의 일원이 되어 이곳에 앉아 있다니…. 감회가 새로웠다.

1954년, 6·25전쟁이 끝난 지 1년이 지났지만 전쟁의 처참한 흔적이 고스란히 남아 있던 때에 국민학교(지금의 초등학교)에 입학했다. 그때 우리의 모습을 떠올리면, 요즘 더멋진세상이 지역 개발 사업을 펼치고 있는 아프리카나 서남아시아의 가난한 나라 사람들의 모습과 별반 다를 게 없었다. 그런데 겨우 몇십 년 만에 대한민국은 원조를 받던 나라에서 원조하는 나라로 성장했고, 어린 시절 지저분한 토담집에 살면서 뒷간에서 나는 고약한 냄새를 참고 해진 옷에 구멍 난 신발을 신은 채로 골목길을 뛰어다니던 소년이 세계의 내로라하는 선진국 관료들과 어깨를 나란히 하고 있는 것이 아닌가! 이것이 기적이 아니고 무엇이겠는가? 이 모든 것이 하나님의 은혜임을 부인할 수 없다는 생각에 하나님께 감사 기도를 올리고, 호흡을 가다듬었다.

회의가 시작되자 예상대로 우리 국회의 노동법 날치기 통과에 대한 회원국들의 비판과 질타가 이어졌다. 그들의 발언을 듣고 있자니 마음이 착잡해졌다. 참으로 혹독한 신고식이구나 싶었다.

드디어 그날 논란의 중심이었던 대한민국의 대표인 내게 발언 기회가 왔다. 영어로 "한국은 29번째로 가입한 베냐민(Benjamin, 새내기) 회원국으로서 여러분의 선진 제도와 가치와 문화를 열심히 배우고자 합니다. 부족함이 많지만, 잘 이끌어 주길 바랍니다"라고 간단히 인사하고 나서 우리나라의 입장 발표부터는 불어로 말하기 시작했다. 5분쯤 지났을까, 마리 끌로드 카바나(Ms. Marie-Claude Cabana) 프랑스 대사가 손뼉을 치며 "브라보 꼬레!"(Bravo Corée)를 외처 깜짝 놀랐다. 나와 우리나라를 OECD 일원으로 인정하며 환영해 주는 첫 번째 발언이었다.

카바나 프랑스 대사가 의사 진행 발언을 하는 도중에 한국을 회원국으로 받길 정말 잘했다면서 거듭 환영했다. 한국 대표의 유창한 불어를 들으니 문화적으로 동질감을 느끼는 데 조금도 부족함이 없다고 하자 사회민주당 출신의 오스트리아 대표(남편이 프랑스 역사학자)도 한국의 노동법 날치기 통과의 심각성을 생각하면 할 이야기가 많지만, 프랑스 대사의 의견에 공감하며 비판 발언을 자제하겠다고 했다.

불어를 구사하는 것이 이 정도로 큰 도움이 될지 미처 몰랐다. 첫 부임지인 중앙아프리카공화국을 시작으로 주로 불어권에서 근무하게 하시고, 뜻하지 않게 프랑스 유학까지 하게 하신 하나님이 이미 오래전부터 이 순간을 위해 나를 준비시키셨다는 확신이 들었다.

OECD 가입의 기쁨을 누리는 것은 잠시뿐이었고, 해결해야 할 문제들이 봇물 터지듯 밀려들었다. 아직은 경제 성장의 안정성보다는 가능성이 더 높이 평가되던 때라 경제 규모 면에서 시장을 개방하기에는 무리였는데, 특히 농산물 시장과 금융 시장의 개방은 가뜩이나 빈약한 농촌 경제에 큰 부담이 될 것이 분명했다. 국내 사정을 고려하면서 국제 기준에 발맞추어 나가자니 조율하고 조정할 일이 많아졌다.

게다가 그해 동남아시아권의 경제 상황이 유난히 어려워진 탓에 외국 투자 자본이 들썩거렸고, 그 여파로 우리나라를 포함한 여러 나라가 국제 통화인 달러가 부족해지고 자국의 화폐 가치가 크게 떨어지는 외환 위기를 겪었다. 그해 11월, 정부는 국제통화기금(IMF)에 긴급 자금을 요청했고, 그 결과 우리는 어쩔 수 없이 IMF 경제 위기를 겪어야만 했다. IMF에 구제 금융을 요청한다는 것은 사실상 국가 부도를 의미하므로, 선진국 클럽에 가입한 지 1년도 채 안 되어 무너졌다는 사실에 나는 회한의 눈물을 흘렸다.

OECD의 새내기 회원국 대표로서 희망찬 발걸음으로 그랑 살롱에 들어선 지 10여 개월 만에 위기 극복을 위해 동분서주하면서도 대외적으로는 여유로운 모습을 보여야 했다. 말 그대로 질풍노도의 시기였다. 지난 몇 년간 내 마음속에 차곡차곡 쌓아 온 말씀이 없었다면, 북경 한인 교회에서 기이한 빛을 본 경험이 없었다면 아마 견디기 힘들었을 것이다.

이듬해인 1998년 2월, 김대중 대통령이 취임하면서 외무부가 외교통상부로 개편되었고, 대대적인 인사이동이 있었다. 4월, 나는 본부 국제경제국 국장으로 발령받아 본국으로 귀임했다. 돌아오자마자 IMF 금융 위기 대처 태스크 포스 팀(task force team, 기동 부대)의 팀장을 맡았고, 5월에 제주도에서 열리는 아시아태평양경제협력체

(APEC)의 관광실무그룹(TWG) 회의에 참석하여 아태 지역 내 관광 진흥을 위한 현안을 참가국 대표들과 논의했다.

6월, 김대중 대통령이 미국을 국빈 방문하여 빌 클린턴(Bill Clinton) 대통령과 정상회담을 가졌는데, 나는 공식 수행원으로서 대통령이 뉴욕과 워싱턴 DC를 돌며 정·재계 지도자들과 만나 새 정부의 경제개혁을 비롯한 정책 비전을 설명하고, IMF 사태 극복을 위한 미국의 적극적인 협력을 요청하는 등 담당 실무 국장의 역할에 충실했다. 또 11월에는 대통령 공식 수행원 주무국장으로서 말레이시아 쿠알라룸푸르에서 열린 제10회 아시아태평양경제협력체(APEC) 정상회의에 참석하는 등 쉼 없이 달렸다.

그 와중에 외교부 선교회 회장을 맡게 되었는데, 당시 세계 각지에 흩어진 180여 개 재외공관 외교관들의 신앙생활을 도우면서 생각지도 않은 큰 위로와 힘을 얻었다. 재외공관은 주재국의 행정력과 경찰력이 미치지 못하는 치외법권 공간이므로 기독교에 대한 탄압이 극심한 지역이라도 그곳에서는 예배를 드릴 수 있다. 그래서 그들의 신앙생활을 돕기 위해 매주 설교 테이프와 함께 신앙생활에 필요한 서적이나 물품을 지원해 주었다. 발송 작업이 힘들긴 했지만, 여러 공관에서 신앙생활에 큰 도움이 된다는 소식을 전해와 보람과 용기를 얻었던 기억이 난다.

또한 매년 재외공관장 회의 기간에 외교관들이 일시 귀국하는

데, 그 일정에 맞추어 김장환 목사님이 이사장으로 계신 극동방송국 주최로 재외공관장 조찬기도회가 열린다. 그리스도를 믿는 외교관들이 한데 모여 기도할 때면, "각 나라와 족속과 백성과 방언에서 아무도 능히 셀 수 없는 큰 무리가 나와 흰옷을 입고 손에 종려 가지를 들고 보좌 앞과 어린양 앞에"(계 7:9) 서는 광경이 이렇지 않을까 하는 상상을 하곤 했다. 지금까지도 외교부 크리스천들을 위해 큰 도움을 주시는 김장환 목사님에게 깊은 감사를 드린다.

1999년 3월에는 국회의 요청으로 국회통일외교통상위원회 수석전문위원(차관보급)으로 임명되어 약 2년간 국회와 협력했다. 주로 통일 문제 국제 워크숍에 참석하거나 한미주둔군지위협정(SOFA) 개정 협상 관련 방미 등 국회의원들의 외교 활동을 수행하거나 각종 전문가 간담회에 참석하는 일을 했다. 그동안 주로 외국에서 외교관들을 상대로 일해 왔는데, 이 시기에 국내의 다양한 인사들과 접촉하며 인맥을 넓힐 수 있었다.

2001년 주홍콩 총영사로 부임했다가 이듬해 외교통상부 통상교섭 조정관(차관보급)으로 승진 전보되어 다자통상국, 지역통상국, 국제경제국 등을 관할했는데, 당시 우리나라에서 몇 안 되는 통상 문제 전문가로서 인정받게 된 것이다. 조정관으로 근무한 1년 4개월의 절반인 7개월을 해외 출장으로 보낼 정도로 바쁘게 일했다.

2003년 2월, 노무현 대통령이 취임하면서 그해 6월에 외교통상부 내 대대적인 인사 발표가 있었다. 나는 주브라질연방공화국 대사로 임명되었다. 본부에서 차관보급으로 일한 사람이 가기에는 다소 비중이 낮은 곳이라 처음에는 실망했으나 막상 부임하고 보니 할 일이 참으로 많은 곳이었다. 주로 불어권에서 일해 남미 지역은 여러 가지로 낯설었지만, 외교 면에서 큰 비중을 차지하는 곳이라 어깨가 무거웠다. 그러나 브라질의 공용어인 포르투갈어는 불어와 유사하여 배우기가 쉬웠다.

브라질의 수도 브라질리아는 해발 고도 1,100m의 고원에 세워진 계획도시로 날개를 편 거대한 제트기 모양을 하고 있다. 천재적인 도시계획가로 알려진 루시우 코스타(Lúcio Costa)가 설계를 맡고, UN빌딩을 설계한 오스카 니마이어(Oscar Niemeyer)가 내부 건축물들을 맡았다고 한다. 그 덕분에 독특하고 초현대적 건축물이 많은데, 1987년에 도시 전체가 유네스코 세계문화유산으로 지정된 도시다.

그곳에 도착해서 가장 먼저 찾은 곳은 역시 교회였다. 한인 교회에 출석했는데, 담당 목사님이 미국 영주권자여서 비자 문제로 1년에 3개월은 교회를 비우고 미국으로 돌아가야 했다. 공교롭게도 부교역자가 없는 관계로, 목사님이 부재한 3개월 동안은 내가 대신 설교를 해야 했다.

두렵고 떨리는 마음으로 매주 설교 원고를 준비해 갔지만, 이상하게도 강대상에만 오르면 주말 내내 열심히 준비했던 내용은 다

잊어버리고 그 순간에 하나님이 주시는 말씀을 선포하게 되곤 했다. 서울 새빛맹인선교회에서 성경 공부반을 이끌던 시절에 암송한 말씀과 외교부 선교회에서 동료 외교관들을 섬기며 쌓았던 기도의 덕을 톡톡히 보았다.

하나님은 언제나 장차 있을 일을 위해 나를 미리 준비시키고 인도해 오셨다는 것을 이제야 깨닫는다. 그러니 오늘 주님의 임재가 훗날 나를 어떤 길로 인도할지 할 수 없지만, 불안한 마음 대신 기대감을 안고 매 순간 충실하게 살면 된다고 생각한다. 그러면 나처럼 한 나라를 대표하는 대사에서 세상을 향한 하나님의 대사로 변모해 가는 것을 느끼리라.

변혁의 시간 ●────────────

2005년 가을, 브라질 대사로서 근무한 지 2년 반 만에 귀국하여 새로운 부임지로 나갈 때까지 모교인 연세대학교에서 정치외교학과 학부생을 대상으로 국제관계론을 강의했다. 1년쯤 지난 2006년 가을, 외교부 측에서 내가 유럽 주요 국가의 공관장으로 내정되었다는 소식이 들려왔다.

마음의 준비를 하며 기다리고 있었는데, 전혀 예상치 못한 일이 벌어졌다. 2007년 2월, 그달 말로 퇴직하라는 통보를 받은 것이다. 청천벽력 같은 소식이었다. 퇴직 소식을 접하고 내 입에서 제일 먼저 나온 말은 "하나님, 어떻게 이러실 수가 있어요?"였다. 나를 믿음의 길로 인도해 주었던 아내까지도 "여보, 우리에게 하나님은 안 계신가 봐!"라며 탄식했다. 어떻게 내게 이런 일이 생기나 싶어서 "하나님, 사람들이 저보고 예수 믿고 복 받았다고 했는데, 제게 갑자기 이런 일이 닥치면 복음 전도에 도움이 안 되지 않겠습니까?" 하고 호소해 보기도 했다.

35년간 외교관으로서 나름대로 최선을 다해 살아왔는데, 이렇게 강제로 떠밀려 은퇴하게 되리라고는 전혀 상상하지 못했다. 주브라질 대사로 재임 시, 미국 본토보다 더 넓은 영토에 세계 5위의 인구와 무한한 지하자원 등을 보유한 중남미 최대 국가인 브라질과 기술과 자본을 가진 한국, 양국 간의 경제 · 통상 관계 증진을 위해 불철주야 애썼다. 브라질의 지방 정부들을 부지런히 방문한 결과, 양국 교역액이 3배가 늘었고, 투자도 급증했다. 그런 괄목할 만한 성장을 이룩한 바 있기에 유럽 주요 공관장으로 내정되었다는 소식을 믿었다. 그러니 더욱 크게 낙심할 수밖에 없었다.

이렇게 낙심하고 있을 때 선배 외교관들이 어떻게 아무런 이유도 없이 강제로 퇴직시키느냐며 소요 경비를 부담해 줄 테니 법적 소송을 하라고까지 했다. 내 처지가 얼마나 딱하게 보였기에 이런 말씀으로 위로해 주시는지, 말씀만이라도 너무나 고마웠다.

낙담 속에서 며칠을 보냈다. 하루는 김하중 당시 주중국 대사에게서 연락이 왔다. 그가 나를 위해 기도하던 중에 받은 말씀이라며 메일을 보내왔다.

김 형의 소식을 듣고 그동안 마음이 무거웠습니다. 김 형에게 무언가 위로를 드리고 싶었지만, 오히려 마음을 상하게 할 것 같아 전화도 하지 않았지요. 그러다 오늘 김 형의 담담한 목소리를 들으니 아주 반가웠습니다. 지난밤에 김 형을 위해 기도하던 중에 하나님이 이런 마음을 주셨으니 전해 보겠습니다.

"네가 지금까지 받은 복이 차고 넘치나니 너는 내게 감사하라. 네가 내 앞에 올바로 서기를 원하고 내 영광을 높이기로 결심하면, 내가 너를 크게 축복하리라. 이제 너는 나를 위하여 많은 일을 하게 될 것이다. 네가 많은 자의 영혼을 구하게 될 것이요, 나의 영광을 크게 드러낼 것이라. … 너는 사람을 사랑하라. 너보다 더 큰 고통을 겪고 있는 자들을 위하여 기도하라. 그리하면 네가 거기서 나를 찾을 것이다. 이제 내가 너를 인도할 것이다. 네가 내게 기도하면 내가 너를 지킬 것이요, 너를 보호할 것이다. 그러니 너는 기도하며 기다리라. 그리하면 너와 네 가정에 큰 축복이 임하리라."

김 형을 위해 기도하는 동안 많이 울었습니다. 하나님이 김 형을 너무나 사랑하십니다. 그러니 모든 것을 하나님께 온전히 맡기십시오. 그리하면 큰 축복이 임할 것입니다. 김 형을 위해 계속 기도하겠습니다.

김하중 대사가 메일로 위로의 말을 보내온 지 며칠 후, 나의 외교부 강제 퇴직 소식을 들으신 하용조 목사님이 우리 부부를 담임 목사실로 불러 시편 37편 말씀을 부부가 같이 읽어 보라고 말씀하셨다. 우리 부부는 시편 37편을 펴고 말씀을 읽었다.

"악을 행하는 자들 때문에 불평하지 말며 불의를 행하는 자들을 시기하지 말지어다 그들은 풀과 같이 속히 베임을 당할 것이며 푸른 채소같이 쇠잔할 것임이로다 여호와를 의뢰하고 선을 행하라 땅에 머무는 동안 그의 성실을 먹을거리로 삼을지어다 또 여호와를 기뻐하라 그가 네 마음의 소원을 네게 이루어 주시리로다 네 길을 여호와께 맡기라 그를 의지하면 그가 이루시고 네 의를 빛같이 나타내시며 네 공의를 정오의 빛같이 하시리로다 여호와 앞에 잠잠하고 참고 기다리라 자기 길이 형통하며 악한 꾀를 이루는 자 때문에 불평하지 말지어다 분을 그치고 노를 버리며 불평하지 말라 오히려 악을 만들 뿐이라"(시 37:1-8).

이 시편 말씀이 김하중 대사의 메일 내용과 거의 동일하여 우리 부부는 이 말씀을 읽으며 눈물을 펑펑 쏟았다. 마음이 무너져 괴로워하고 있을 때 김 대사가 보내 준 메일이 큰 위로를 주었다. 이 자리를 빌려 감사의 말을 전하고 싶다.

하나님이 김 대사의 메일과 하 목사님을 통해 주신 시편 37편 말씀을 접하고 나는 '아! 이 모든 것이 하나님이 하신 일이구나'라고 깨달으며, 순간 무릎을 꿇고 "네, 하나님! 주의 뜻대로 순종하겠습니다"라고 기도하고 곧바로 금식기도원으로 발길을 재촉했다.

기도원에 도착하여 십자가 앞에 무릎을 꿇자마자 울음이 터져 나왔다. 하나님에 대한 원망과 억울함으로 하루 종일 울어 댔다. 물한 모금 넘길 수 없었고, 한숨도 자지 못했다. 나오는 기도라고는 "하나님, 이제부터 뭘 하며 먹고살지요?"뿐이었다.

하루 이틀 지나자 기도원에서 드리는 예배의 설교가 귀에 들어오기 시작했다. 그때부터 기이한 체험이 시작되었다. 지나온 날들에 대한 회개가 터져 나왔는데, 주님이 "네가 아프냐? 나는 너보다더 아프다"라고 말씀하시며 함께 울어 주시는 것 같았다. 마치 하나님과 대면하여 이야기를 나누는 듯했다. 설교를 통해 하나님이 내마음속 기도에 답해 주시는 것을 느낄 수 있었다.

예를 들어, "하나님, 대체 어떻게 벌어먹고 살아야 할지 모르겠습니다" 하고 푸념 섞인 기도를 하고 예배에 들어가면, 하나님이 바로 "그러므로 염려하여 이르기를 무엇을 먹을까 무엇을 마실까 무엇을 입을까 하지 말라 이는 다 이방인들이 구하는 것이라 너희 하늘 아버지께서 이 모든 것이 너희에게 있어야 할 줄을 아시느니라 그런즉 너희는 먼저 그의 나라와 그의 의를 구하라 그리하면 이 모든 것을 너희에게 더하시리라 그러므로 내일 일을 위하여 염려하지 말라 내일 일은 내일이 염려할 것이요 한 날의 괴로움은 그날로

족하니라"(마 6:31-34)라는 말씀의 설교를 듣게 하시는 식이었다. 불평하던 입술을 닫을 수밖에 없었다.

어느 날, '그래, 내일 일은 내일 걱정하자' 하고 하루 치 걱정을 툴툴 털어 내고 나니 그동안에 나를 누르고 있던 무거운 절망감이 어느새 사라지는 것을 느꼈다. 그렇게 나는 매일 하루 치 걱정을 버리면서 마음을 추슬러 갔다.

내친김에 사흘간 금식하며 나를 향한 하나님의 계획을 알려 달라는 기도를 하기로 했다. 하지만 속으로는 여전히 밥벌이가 걱정이었다. 공무원 연금이 나오긴 하겠지만, 우리 부부의 생계 유지비 정도밖에는 안 될 것이 분명했다. 딸, 아들의 결혼 자금은 어떻게 마련하고, 나와 아내의 사회 활동에 필요한 경비는 무슨 수로 마련할지 걱정이었다.

그러나 하나님께 차마 돈 이야기를 노골적으로 드릴 수는 없어서 "하나님, 십일조가 줄어들지 않게 지켜 주옵소서" 하고 에둘러 기도했다. 사실, 내가 아무리 둘러대고 포장한다 해도 하나님이 내 속마음을 모르시겠는가?

금식 마지막 날, 새벽 기도 중에 하나님이 내게 "누구든지 자기의 유익을 구하지 말고 남의 유익을 구하라"(고전 10:24)라는 말씀을 툭 던지듯이 주셨다. 그 순간, 마음이 무너져 내렸다. 하나님이 내게 "너는 그동안 누구의 유익을 구하며 살았더냐?" 하고 물으시는 것만 같았기 때문이다. 하나님이 직설적으로 물으시니 에둘러 답할 길이 없었다. 단순명료한 질문에 복잡미묘하게 답할 수는 없지 않은가? "주님, 제가 그동안 저와 제 가족과 제 나라만을 위해 살았습니다"라고 고백하자 "이제부터는 너 말고 남, 네 가족 말고 남의 가족, 네 나라 말고 남의 나라를 위해 살아라" 하고 말씀하시는 음성이 들려왔다.

손끝이 떨리고, 눈물이 솟았다. 하나님이 내게 친히 말씀하시다니…. 내가 하나님의 음성을 듣다니! 사흘을 굶어서 기력이 떨어지니 환청이 들렸던 것일까? 아니다. 몸 상태나 마음 상태나 오히려 어느 때보다도 더 좋았다. 그것은 부인할 수 없는 하나님의 음성이었다. 나는 처음으로 진심을 다해 주의 나라와 주의 의를 구하는 기도를 드렸다.

그 후 내 삶을 돌이켜 보면, 하나님이 항상 차고 넘치게 채워 주셨음을 발견한다. 까마귀를 시켜 선지자 엘리야에게 떡과 물을 공급해 주셨듯이, 하나님은 필요한 모든 것을 그때마다 차고 넘치게 채워 주셨고, 통장에 잔고가 없는데도 딸과 아들 모두 결혼시키게 하셨다. 기도원에서 먹고사는 문제를 고민할 때, 하나님은 내게 "그런즉 너희는 먼저 그의 나라와 그의 의를 구하라 그리하면 이 모든 것을 너희에게 더하시리라"(마 6:33)라고 약속하셨다. 그 말씀이 내 삶 속에서 이루어지는 것을 경험했다.

더멋진세상의 대표이자 자원봉사자로서 지구촌의 굶주리고 헐 벗고 재난당한 사람들을 찾아다니며 10년 동안 봉사할 수 있도록 이 모든 것을 은혜로 더해 주신 하나님께 감사를 드린다.

35년 공직 생활이 어느 날 하루아침에 끝날 줄 몰랐듯이 지금 당 연하게 여기는 삶이 언제 어떻게 급격히 바뀔지 알 수 없다. 그러나 분명한 것은 하나님은 내게 더 나은 것, 더 좋은 것을 주시는 분이 라는 것이다. 돌아보면 쓰기도 하고 달기도 한 인생이지만, 모든 순 간이 하나님의 선을 이루기 위한 것임을 이제는 안다. 이것이 어쩌 다 그리스도인이 되어 살아오는 동안에 깨달은 진리다. 내게 닥친 변혁의 시간은 더 멋진 인생을 살게 하려고 하나님이 단락 지어 주 신 시간이었다.

돌아보면 쓰기도 하고 달기도 한 인생이지만,
모든 순간이 하나님의 선을 이루기 위한 것임을 이제는 안다.

하나님이 그들을 위해 나를 보내신 것이 아니라
나를 위해 그들을 보내 주셨다는 사실을 뒤늦게 깨달았다.
그러니 좋은 그릇이 되고 싶으면, 하나님의 손에 온전히 맡겨 드리면 된다.

길을 여는 자가 그들 앞에 올라가고
그들은 길을 열어 성문에 이르러서는 그리로 나갈 것이며
그들의 왕이 앞서가며 여호와께서는 선두로 가시리라_미 2:13

섬김은 있다 보이지 않아도

어쩌다 NGO

　　하용조 목사님이 소천하시기 꼭 1년 전인 2010년 8월 초, 당시 일본 동경에서 투석을 받으며 요양 중이시던 하용조 목사님으로부터 저녁 식사를 같이하고 싶다는 연락이 왔다. 한달음에 하 목사님이 계신 곳으로 달려갔다. 부쩍 수척해진 모습을 뵈니 안타까웠지만, 눈빛만큼은 언제나처럼 생기가 넘치셨다.

　식사를 마치고 나자 목사님이 "장로님, 이제 두 달만 있으면 온누리교회 창립 25주년입니다. 그동안 하나님이 우리 교회에 많은 은혜를 베풀어 주셨는데, 우리는 세상을 위해 한 일이 없어 부끄럽습니다. 우리가 받은 축복을 세상에 나누어야 할 때입니다. 지구촌에서 재난당하고 굶주리고 질병으로 고통받는 우리 이웃들이 얼마나 많습니까? 지금부터라도 손을 펴서 도움이 필요한 사람들에게 아낌없이 나누어 주어야 합니다. 인종, 종교, 지역, 이념을 초월하여 섬길 수 있는 NGO를 장로님이 하나 만들어 주세요"라고 말씀하셨다.

나는 "목사님, 저는 이 일을 맡기에는 적합한 사람이 아닌 것 같습니다. NGO 활동은 많은 재정이 필요한데, 평생 공무원으로 일하다 은퇴한 사람이 무슨 여유가 있겠습니까? 제게는 그런 일을 감당할 만한 재력이 없습니다"라고 말하며 정중히 거절했다. 그러자 하 목사님이 정색하며 단호하게 말씀하셨다.

"장로님, 하나님 일은 돈 가지고 하는 것이 아닙니다. 순종하면 하나님이 재정을 허락해 주시고, 사람도 보내 주시니 올해 안으로 NGO를 설립해 보시지요."

그 권위 있는 모습에 나도 모르게 "네, 그렇게 하겠습니다"라고 대답하고 말았다. 돌아오는 길 내내 'NGO라니…. 평생 정부의 권위(governmental authority) 아래 일해 온 관료에게 정부와 무관한(non-governmental) 일을 하라니…. 이게 무슨 뜻인가?' 하는 생각에 고개를 갸웃거렸다.

도대체 무엇을 어떻게 해야 할지 몰라서 막막했다. 답답한 마음에 새벽 기도회에 나가고, 기도원에 가서 하나님께 길을 열어 달라고 간절히 기도하며 매달렸다. 그렇게 두 달이 지났다.

10월 11일, 온누리교회 창립 25주년 기념 예배가 서울 상암 월드
컵경기장에서 드려졌다.

"이제는 우리가 받은 큰 사랑을 나누어야 할 때입니다."

수만 명의 성도가 모인 자리에서 하 목사님이 설교 도중에 끝내
NGO 설립을 선포하시고야 말았다. 난감해진 나는 강대상에 서신
하 목사님을 우두커니 바라볼 수밖에 없었다. 그 뒤로 "더 멋진 세
상"(A Better World)이라고 쓰인 대형 현수막이 눈에 들어왔다.

발등에 불이 떨어진 나는 초조해지기 시작했다. 하 목사님이 선
포하신 하나님의 비전이 담긴 NGO를 시작하려면 무엇보다 사람이
필요했다. 10여 년 전, 외교통상부 국제경제국 국장 시절에 온누리
교회 선교사 파송 단체인 두란노해외선교회(TIM, Tyrannus International
Mission)가 ECC(East Cultural Change)라는 NGO를 설립하여 외교통상부
산하 단체로 등록하려고 할 때, 내게 도움을 청했던 일이 생각나서
온누리교회 2000선교본부로 달려갔다. 당시 2000선교 본부장이었
던 도육환 목사님과 김창옥 전도사님(현 더멋진세상 사무총장)에게 상황
을 설명했는데, 하나님이 이미 더멋진세상을 위해 사람을 준비해
두셨다는 사실을 발견하고는 놀랐다.

NGO의 이름을 정하기 위해 하 목사님을 찾아가 의논했다. 목사
님이 "Lamp On"이 어떻겠냐고 제안하셨지만, 국제적으로 활동하
려면 좀 더 명확한 영문 이름이면 좋겠다는 생각이 들었다. 목사

님이 NGO 관련한 일은 모두 맡길 테니 알아서 준비하라고 하셨다. 이미 내 머릿속에는 얼마 전 상암 월드컵경기장에서 봤던 현수막의 문구 "더 멋진 세상"이 맴돌고 있었다. 영문으로는 "Better World"로 하면 될 터였다. 그것이 이재훈 목사님의 아이디어로 만들어진 문구였다는 사실은 나중에서야 알게 되었다.

창립 이사진은 하나님이 예비해 놓으신 각계각층의 저명인사들로 구성할 수 있게 되었다. 하용조 목사님에게 NGO 더멋진세상의 이사장을 맡아 주시길 청했지만, 목사님은 내가 이사장과 대표를 맡아 이념과 종교를 초월하여 다양한 분야의 사람들로 이사진을 구성해 줄 것과 교회 울타리 너머의 사람들도 동참할 수 있는 NGO가 되도록 힘써 달라고 부탁하셨다. 그 말이 무겁게 다가왔다.

하나님이 예비해 주신 사람들과 더할 나위 없이 멋진 이름을 얻었으니 NGO 설립 준비의 반은 마친 셈이었다. 이제 사무실만 구하면 될 것 같았는데, 현실의 벽은 너무 높았다. 이촌동 온누리교회 건너편 신동아쇼핑센터 3층에 자리한 러브소나타(Love Sonata, 온누리교회가 일본 복음화를 위해 2007년 후쿠오카를 시작으로 매년 열어 온 문화 전도 집회) 사무실 한쪽 구석에 책상 두 개를 놓고 스태프와 함께 일하기 시작했다.

하나님이 이름을 주셨으니 간판과 로고가 필요했는데, 마침 카이스트에서 산업디자인을 전공하고 이탈리아 유학을 다녀와 삼성전자 디자인실에서 근무하고 있던 딸에게 로고 디자인을 급하게 부탁했다. 전 세계가 '더 멋진 세상'으로 나아가기를 바라는 마음을 담은 CI 디자인이 순식간에 아크릴판 위에 새겨져 벽에 걸렸다. 그때 급히 만들었던 더멋진세상의 첫 번째 간판은 지금도 사무실 한쪽 벽에 걸려 있다.

외교통상부 산하의 NGO로 등록하기 위해 정관을 작성하는 등 복잡한 행정 절차를 밟아 나갔는데, 등록 절차가 너무 까다로웠다. 그러나 요소요소에서 돕는 자들을 만나니 '과연 하나님이 하시는 일이구나' 하는 생각이 들었다. 원래대로라면 등록 절차를 마치기까지 외교통상부, 국세청, 법원 등기 등을 거치느라 1년 넘게 걸리는데, 해가 바뀌기 전에, 약 두 달 만인 12월 29일 가까스로 외교통상부 장관의 사단법인 설립 허가 승인을 받을 수 있었다. 그래서 더멋진세상의 창립 기념일이 이날로 정해진 것이다.

예상했던 대로 NGO 설립과 운영에 들어가는 초기 비용이 만만치 않았다. 그러나 "순종하면 하나님이 다 채워 주십니다"라는 하 목사님의 말씀이 이루어지는 것을 경험할 수 있었다. 설립 비용은 이사진과 교회 등에서 채워 주었고, 나머지 사소한 경비는 어쩔 수 없이 사비를 털 수밖에 없었는데, 이번에도 하나님이 놀랍게 채워 주셨다. 때맞춰 어느 기업체에서 고문직을 제안해 온 것이다. 고문료로 소소한 행정 경비를 해결할 수 있었고, 나는 더멋진세상의 영원한 자원봉사자가 되기로 서원했다.

후쿠시마와 후쉬푸르의 긴급 구호 ●

2011년 3월, 일본에서 연일 심상치 않은 소식이 들려왔
다. 3월 9일 오전 11시 45분에 센다이시에서 동쪽으로 70km쯤 떨
어진 산리쿠 연안에서 리히터 규모 7.3의 큰 지진이 일어났다. 그런
데 이틀 뒤인 11일 오후 2시 46분경 리히터 규모 9.1의 엄청난 지
진과 함께 대규모 해일이 일었다. 일본 국내 관측 사상 최고 규모
의 지진이었다. 높이 10m가 넘는 파도가 태평양 연안을 덮쳤다. 일
본 도호쿠(동북부) 지방과 관동 지방은 거의 초토화되었고, 설상가상
으로 후쿠시마 원전 사고로 방사능 피폭의 위험까지 더해졌다. 마
침 그날 하용조 목사님이 하네다 공항에서 귀국 비행기를 타시려

다 쓰나미로 출발이 몇 시간 지연되었다고 한다.

다음 날, 하 목사님이 내게 당장 일본으로 달려가라고 지시하며 이것이 더멋진세상의 첫 번째 활동이 될 것이라고 말씀하셨다. 즉시 온누리교회의 2000선교본부의 도움을 받아 긴급 구호팀을 꾸렸다. 청년부 담당 이정훈 목사님과 청년 30명이 함께 현장으로 달려갔는데, NGO 중에 가장 먼저 도착했다.

우리가 도착한 곳은 진앙지에서 동북부로 150km나 떨어진 이와테현(岩手縣)이었는데, 현장은 말 그대로 참혹했다. 제2차 세계대전을 종식시켰던 미국의 원자폭탄 투하 후의 히로시마와 나가사키의 모습이 아마도 이렇지 않았을까 하는 생각이 들었다. 모두 휩쓸려가 정말로 아무것도 남아 있지 않았다. 상황이 얼마나 긴박했던지 일본인 자원봉사자를 찾아볼 수가 없었다. 일본 전체가 충격을 받을 만큼 피해가 광범위했다는 뜻이다.

이재민들은 학교 건물에 단체로 수용되어 있었다. 가까스로 몸만 빠져나왔는지 먹을 것과 생필품이 태부족했고, 일본 정부에서는 주먹밥만 겨우 나눠 주는 형편이었다.

우리는 언덕 위 교회에 자리를 잡고 침낭에서 새우잠을 자며 복구 작업을 진행했다. 그러면서도 틈틈이 떡국을 끓이고 파전을 부쳐서 이재민들에게 나누어 주었다. 따뜻한 국물을 마시기 위해 사람들이 줄을 섰다. 그 순간만큼은 모두가 그리스도의 대사가 되어 몰려드는 사람들을 맞이했다. 또 몇몇은 미처 줄을 서지 못하는 사람들을 찾아가서 섬겼다. 일어날 힘조차 내지 못하는 노인들에게는 안마를 해 주었고, 폐허 속에서도 눈을 반짝이는 아이들과는 즐거이 노래하며 함께 뛰놀았다. 아침에는 눅눅한 공기와 매캐한 냄새가 코를 찔렀고, 밤이면 종일 흘린 땀으로 몸에서 쉰내가 진동했다.

어느덧 계획했던 3주의 시간이 쏜살같이 지나갔다. 그사이에 한국에서는 방사능 유출과 여진 문제가 연일 크게 보도되었고, 청년 자원봉사자들의 부모들은 발을 동동 구르며 자녀들이 하루빨리 귀국하기를 바랐다.

귀국하기 위해 짐을 정리하는데, 마을의 어르신들이 찾아와 감사 인사를 했다. 그들은 "과거에 우리가 당신들 나라에 몹쓸 짓을 많이 했는데도 불구하고 젊은이들이 아무 연고도 없는 이곳으로 달려와서 우리를 정성껏 돌봐 주었으니, 이 고마움을 어떻게 표현해야 할지 모르겠습니다"라며 허리 숙여 인사했다. 그들의 촉촉해진 눈가를 보니 진심이 느껴졌다. 우리는 손을 맞잡고 앞으로도 사이좋은 이웃으로 지내자고 다짐했다.

당시 도호쿠 지진과 해일로 1만 9,691명이 사망했으며 실종자는 2,568명에 달했다. 약 1만 3,300회의 여진이 한 달간 이어졌다. 일본 사회의 충격은 리히터 규모로도 측정할 수 없을 만큼 심각했다. 상점마다 식료품이 자취를 감추었고, 진열대는 텅 비어 있었다. 텅

빈 것은 진열대만이 아니었다. 자원봉사 단체의 자리도 텅 비어 있었다. 그곳에 3주 있는 동안에 우리가 만난 일본인 자원봉사자는 개인적으로 찾아온 삿포로 농대생 단 한 명뿐이었다. 우리와 한 팀이 되어 내내 함께 활동했다. 우리는 태안 기름 유출 사고 때처럼 국가적 재앙에 직면하면 자발적으로 구호 활동에 참여하는 것이 자연스러운데, 일본에서는 그런 모습을 찾아볼 수가 없다. 그것만 봐도 한국과 일본의 미래가 분명히 달라질 것이라는 확신이 든다.

35년간 외교 현장에서 오로지 내 나라와 내 국민을 위해 일했던 내가 가깝고도 먼 나라 일본과 생면부지의 사람들을 위해 기꺼이 목숨을 걸다니, 꿈에서도 생각해 본 적이 없는 일이었다. 그러나 내 눈으로 재난 현장을 직접 목격하고, 도움이 절실한 사람들과 손을 맞잡아 보니 우선 그들을 살려야겠다는 생각, 깊은 수렁에서 그들을 건져 올려야겠다는 생각밖에는 아무것도 떠오르지 않았다. 아마도 30명의 긴급 구호팀 모두가 같은 심정이었을 것이다. 비행기가 하네다 공항에서 김포공항으로 향하는 동안, 나는 마음속으로 일본인들에게 "간바레"(がんばれ, 힘내라)를 외쳤다.

이것이 더멋진세상의 첫 사역이다. 첫사랑이 잊히지 않듯이 이때 처음 느꼈던 긴박감과 절실함이 지금까지도 생생하다.

첫 사역의 고단함이 겨우 가실 무렵, 두 달 남짓 지난 2011년 6월 파키스탄에서 긴급 요청이 들어왔다. 폴 바티(Paul Bhatti) 소수민족부 장관이 자신의 고향 후쉬푸르 마을이 큰 홍수 피해를 입었다면서 급히 도움을 청했던 것이다. 즉시 김창옥 전도사님과 함께 파키스탄으로 향했다.

2010년 여름, 역사상 최악의 홍수가 파키스탄을 휩쓸었다. 이때 나라의 20%가 물에 잠기고, 1,700여 명이 목숨을 잃고, 2,100만 명이 집을 잃었다. 파키스탄 정부는 인구의 97%에 달하는 이슬람교도들에게만 피해 복구 지원을 해 주었고, 2%에 불과한 그리스도인들과 소수민족들은 방치된 상태였다. 헌법상 정부 기금의 5%는 소수민족에 할당해야 하는데도 지켜지지 않았다. 그런데 1년 만에 또다시 물난리가 났으니 엎친 데 덮친 격이었다. 남부 신드주에 폭우가 쏟아져 53만여 가옥이 침수되거나 무너졌고, 84만여 가옥이 부분 파손되었으며, 가축 8만 마리가 떠내려가거나 죽었다. 300명이 사망하고, 600만 명 이상이 피해를 입었다.

후쉬푸르는 수도 이슬라마바드에서 5시간 거리에 있는 중동부의 교통 상거래의 중심 도시인 라호르에서도 다시 3시간을 가야 하는 곳에 있다. 그리스도인들이 모여 사는 마을로, '저주받은 땅'으로 알려졌다. 마을 인구의 평균 수명이 40세 안팎이었으니 저주받은 땅이라 불릴 만도 했다. 땅이 소금기를 머금은 탓에 아무도 관리하지 않는 버려진 지역이었다. 예수 그리스도를 믿으면 저주받는다는 인식을 심어 주기 위해서 일부러 그 척박한 곳을 그리스도인들에게 내주었던 것이다.

현지의 피해 상황을 파악하고, 긴급 복구 활동을 했다. 그곳에서 사역하는 선교사님에게 무엇이 필요하냐고 물었더니 예배드리고 교육할 공간이 필요하다고 하여 예배당 겸 교육장으로 쓸 비전센터를 짓기로 했다. 여건상 현지 재단을 통해 사업을 진행하는 것이 안전하다고 판단하여 주민들의 우선순위에 맞추어 일을 추진했다. 복지 재단인 SBMT(Shahbaz Bhatti Memorial Trust, 파키스탄 순교자 샤바즈 바티를 기념하여 세운 재단)를 통해 10만 달러를 투입하여 비전센터를 건립했다.

그러나 무엇보다도 식수와 농업용수를 공급하는 것이 급선무로 보였다. 이듬해 6월 비전센터 준공식에 참석차 후쉬푸르 마을을 다시 찾았을 때, 앞으로 3년에 걸쳐 마을에 급수탑을 세워 9km 떨어진 강에서부터 송수관을 연결하고, 마을까지 운하를 파서 농수를 공급하는 프로젝트를 진행하기로 폴 바티 장관과 합의했다.

2013년에는 전주비전대학교의 초청으로 파키스탄 학생들이 한국에 유학할 길을 터 주었다. 그 후에도 오·폐수 처리 시설(2016년), 모자보건센터(2018년) 등을 건립하여 지역 개발 사업을 계속해 나갔다.

후쉬푸르 마을 비전센터와 급수탑의 모습이다.

2.5%를 위한 순교 ●————————————

파키스탄의 정식 국호는 파키스탄이슬람공화국(Islamic Republic of Pakistan)이다. 게다가 수도 이슬라마바드는 '이슬람의 도시'라는 뜻이다. 세계에서 다섯 번째로 인구가 많은 나라인 동시에 인도네시아 다음으로 세계에서 두 번째로 이슬람교도가 많은 나라인 만큼 파키스탄에서 그리스도인 또는 소수민족으로 살아가기란 결코 쉽지 않을 것이다. 소수민족을 옹호하는 그리스도인 정치가라면 더더욱 어려울 것이다.

2010년 10월, 상암 월드컵경기장에서 열린 온누리교회 창립 25주년 기념 예배에 샤바즈 바티(Shahbaz Bhatti) 파키스탄 소수민족부 장관이 참석하여 인사를 나눈 적이 있다. 그는 파키스탄 최초의 그리스도인 장관이자 40개 부처 장관 중 유일한 그리스도인으로, 평소 파키스탄 인구의 2.5%에 불과한 고통받는 그리스도인들과 56개 소수민족의 인권, 평화를 위해 생명을 걸었다면서 "모든 사람이 차별 없이 존귀함을 누리면서 조화롭게 사는 것이 꿈"이라고 말하곤 했다. 이슬람이 지배하는 파키스탄 내각에 소수민족부가 탄생한 것은 오로지 평생 인권 운동가로 살아온 샤바즈 바티 덕분이었다. 횃불트리니티신학대학원대학교에서 한국을 방문한 그에게 명예박사 학위를 수여하기도 했다.

그러나 그는 파키스탄의 엄격한 신성모독법에 반대하는 목소리를 냈다는 이유로 이슬람 과격 세력으로부터 살해 위협을 수없이 받아 온 끝에 2011년 3월 출근길에 이슬람 근본주의자들이 쏜 기관총 99발을 맞고 젊은 나이에 순교하고 말았다.

아시프 알리 자르다리(Asif Ali Zardari) 대통령은 샤바즈 바티의 가족 중에서 후임을 정하겠다고 했다. 샤바즈 바티의 생전에 가장 가까운 조언자이자 재정 후원자였던 형 폴 바티가 그의 뒤를 이어 소수민족부 장관이 되었다. 이탈리아에서 외과의로 일하던 폴 바티는 동생의 유지를 따라 소수민족을 위해 일하는 정치인으로 변신하여 복지 재단 SBMT를 설립했다. 더멋진세상은 바로 이 재단을 통해 후쉬푸르 마을의 개발을 돕고, 지역 개발 사업을 전개했다.

고(故) 샤바즈 바티 장관의 가족묘이다.

김창옥 전도사님과 함께 고(故) 샤바즈 바티 장관의 가족묘를 찾아 참배했다. 샤바즈 바티가 암살되기 얼마 전에 그의 아버지가 돌아가셨는데, 자기 묘 옆에 샤바즈가 묻히도록 자리를 마련해 놓으라는 유언을 남겼다고 한다. 아버지는 아들 샤바즈가 머지않아 순교하게 될지도 모른다고 여겼던 듯하다. 하지만 그렇게 빨리 순교하리라고는 미처 생각지 못했을 것이다.

'과연 나도 그처럼 신앙을 위해 목숨을 버릴 수 있을까?' 하는 생각에 마음이 숙연해져 그 자리를 쉬이 떠나지 못했다. 눈시울이 뜨거워져 저 멀리 새하얀 구름이 흘러가는 광경을 하염없이 바라보았다.

2014년 6월, 후쉬푸르 마을의 식수·농수 사업 1단계로 급수탑이 준공되었다. 김창옥 전도사님과 함께 준공식에 참석했다. 1만여 명의 주민이 참석한 가운데 성대한 축제가 벌어졌다. 인사말을 하러 나온 촌장이 "그동안 하나님이 우리를 버리신 줄로만 알았습니다. 하지만 이제 고백합니다. 하나님은 우리를 절대로 잊지 않으셨다는 사실을 알았습니다. 오늘 우리에게 깨끗한 마실 물과 농사를 지을 물을 보내 주셨으니 얼마나 감사한지 모르겠습니다"라고 말하며 흐느꼈다. 그러고는 우리를 가리키며 "하나님이 당신들을 우리에게 천사로 보내 주셨습니다"라고 말했다.

그 순간, 나도 모르게 눈물이 왈칵 쏟아지며 속으로 '하나님 아버지, 이 죄 많은 인생을 통해 하나님의 백성에게 꿈과 소망을 전하게 하시고, 저들의 믿음을 회복하게 하시니 감사합니다'라는 기도가 나왔다.

행사를 마치고 라호르의 숙소로 돌아와 짐 정리를 했다. 다음 날 아침, 이슬라마바드로 이동하여 서울로 귀국할 예정이었다. 그런데 자정이 가까울 무렵, 경찰이 들이닥쳐 빨리 짐을 싸라고 했다. 폴바티 장관이 입수한 정보에 의하면, 한국에서 온 NGO가 저주받은 땅이어야만 하는 후쉬푸르를 축복받은 땅으로 바꾸어 가는 것을 못마땅하게 여긴 이슬람 근본주의자들이 우리가 아침에 호텔을 나서는 순간 사살하려고 계획 중이라는 것이다. 그러니 즉시 짐을 챙겨서 떠나라고 했다.

황급히 짐을 챙겨 나왔더니 방탄차가 기다리고 있었다. 기관총으로 무장한 8명의 경찰관이 호위하는 가운데 라호르 호텔에서 이슬라마바드 국제공항까지 내리 6시간을 달려 첫 비행기를 타고 두바이를 경유하여 서울에 도착했다.

그렇게 위험하고 급박한 상황에서도 마음이 흔들리거나 흐트러지지 않았다. 하나님이 주의 일꾼을 반드시 지켜 주시리라는 믿음이 있었기 때문이다. 그것은 사역 현장에서 발견한 수많은 주님의 증거에서 비롯된 믿음이었다.

2013년에 전주비전대학교에서 1년간 한국어 교육을 받고, 2년간 컴퓨터, 지역 개발 등 전공 교육을 받고 돌아간 후쉬푸르의 두 청년은 자기 마을과 나라를 위해 지금도 봉사하고 있다. 후쉬푸르 마을 개발 사업은 순조롭게 진행되어 이제는 급수탑에서부터 각 가정에 연결된 수도관으로 깨끗한 식수가 공급되고 있으며, 염분이 없는 물로 농사를 짓게 되면서부터 수확량이 크게 늘었다.

2016년 이후 파키스탄에 내전 및 테러 위협, 자연재해 등의 이유로 철수 권고인 적색경보가 수시로 내려졌고, 2020년 9월 현재, 코로나19 확산의 영향으로 특별여행주의보가 발령 중이라 더 이상 사업을 추진하지 못하고 있다. 하지만 안전 문제만 해결되면 후쉬푸르 마을의 소득 증대를 위해 봉제 공장과 타일 제조 공장을 지을 계획이다.

이별과 인연 ●─────────────────────────

2011년 8월 2일, 하용조 목사님이 뇌출혈로 쓰러진 지 며칠 만에 소천하셨다. 일본 동경에서 내게 NGO 설립을 부탁한 지딱 1년 만에 홀연히 세상을 떠나신 것이다.

하 목사님은 평소 "우리 교회에 다닌 지 7년 된 교인은 본 교회를 떠나 주변 어려운 교회들을 도우십시오"라고 말씀하곤 하셨다. 1993년, 벨기에 브뤼셀에서 귀국하여 온누리교회에서 비로소 신앙생활을 제대로 시작한 초신자가 양육자반을 마치자마자 앞에서도 언급한 바와 같이 새빛맹인선교회에서 시각장애인들의 성경 공부 모임을 인도한다는 얘기를 들은 목사님이 주일 설교 중에 "김광동 외교부 심의관이 우리 교회에 온 지 얼마 되지도 않았는데, 자발적으로 새빛맹인선교회에서 성경 공부 모임을 인도하며 시각장애인들을 섬기고 있습니다"라며 자랑스럽게 말씀하시던 때가 떠오른다.

당시에는 멋쩍고 부끄러워서 몸 둘 바를 몰랐는데, 지금에 와 생각하니 목사님은 나라에서 가라면 어디든지 순종하여 가는 것이 몸에 밴 외교관 출신의 초신자를 눈여겨보신 것 같다. 하 목사님이 꿈꾸셨을 NGO 더멋진세상의 활약을 미처 보여 드리지 못한 것이 못내 아쉽다.

갑자기 부모를 잃은 아이처럼 가슴이 먹먹하고 앞길이 막막했다. '더멋진세상'이라는 이름의 배는 이미 항구를 떠났으니 멈추거나 돌아갈 수 없었다. 현실적인 대책을 강구해야 했다. 하 목사님이 계실 때는 필요할 때마다 교회에서 도움을 받을 수 있었지만, 앞으로는 어떻게 될지 모를 일이었다. 초신자 시절부터 멘토로서 말씀으로 격려해 주시고 삶의 고비고비마다 큰 위로를 주셨던 하 목사님이 요즘 부쩍 더 보고 싶다.

더멋진세상이 생수를 스스로 길어 올리기까지는 마중물이 필요했다. 온누리교회에서 지속적인 지원을 받으려면 관계를 재설정해야 했다. 정관을 수정하여 이재훈 담임목사님을 회장으로 추대하고, 나는 실무 대표를 맡아 체제를 개편했다. 그 덕분에 온누리교회 성도들로부터 약정 후원을 받을 수 있게 되었다.

그때까지도 변변한 사무실이 없었다. 창립 때부터 계속 셋방살이해 오고 있는 러브소나타 사무실로 출근하기 위해 온누리교회 주차장에 차를 세우고 본관 앞을 지나는데, 누가 내 목덜미를 잡아당기는 듯했다. 본당으로 올라가 "하나님, 제게 일을 맡기셨는데, 사무실이 없어서 남의 사무실에서 더부살이하고 있으니 독립된 공간을 허락해 주시옵소서" 하고 간절히 기도했다. 하지만 몇 달 동안 아무런 응답이 없었다. 결국 해를 넘겼다.

2012년 5월, 이재훈 목사님이 호종일 집사님(현 장로님)을 만나 보라고 하셨다. 옥수동에서 같은 순에 속했던 적이 있어서 안면이 있었다. 호 집사님과 함께 하나님이 주신 비전을 나누는 동안 하나님이 집사님의 마음을 움직여 주셨고, 집사님이 흔쾌히 본인이 소유한 충무로 라이온즈 빌딩 7층의 20평짜리 사무실 공간을 무상으로 내주겠다고 했다. 하나님께 드린 기도가 응답되는 순간이었다.

내부 공사를 마치고, 6월에 회장인 이재훈 담임목사님을 모시고 사무실 개소식 예배를 드렸다. 기쁨과 감사의 눈물이 흘렀다. 이 목사님이 "너는 네 떡을 물 위에 던져라 여러 날 후에 도로 찾으리라"(전 11:1)라는 말씀으로 설교하셨는데, 듣는 순간 온몸에 전율이 흘렀다. 왜냐하면 브라질에서 귀국하기 전에 미국 LA에 들러 아내 친구 집에서 기도 모임을 가졌는데, 그중 한 명이 내게 예언 말씀이라며 준 성경 구절과 같았기 때문이다. 하나님이 이 길을 주셨다는 재확증의 도장을 찍어 주신 것 같았다.

지금 더멋진세상은 10여 명의 직원과 사역 지부의 지원을 담당하는 현지인 스태프 등 60여 명의 직원과 80억 원이 넘는 예산을 가지고 전 세계 27개 지역(2020년 10월 현재)을 돌보고 있다. 돌아보면 하나님의 은혜였다는 말밖에는 달리 할 말이 없다.

선교에 목숨을 걸고 평생 달려가신 하용조 목사님의 비전을 마음에 품고, 하나님 안에서 맺은 여러 인연의 도움을 기억한다. 더멋진세상이 말 그대로 이 땅에 '더 멋진 세상'을 여는 데 제 역할을 다하도록 나도 쉼 없이 나아갈 것이다.

사막 위에 꽃피운 더멋진마을
: 기니비사우, 세네갈 ●

    35년간 외교관 생활을 했던 내가 관직에서 물러나 NGO의 대표가 되었다고 하니 중앙일보, 국민일보, 극동방송 등 인터뷰 요청을 해 오는 매체가 꽤 많았다. 신생 NGO 더멋진세상을 널리 알리기 위해서라도 적극적으로 인터뷰에 응했는데, 기자의 질문들이 대개 비슷했다. 그런데 그중에서 "더멋진세상의 차별성이 무엇입니까?"라는 질문에는 선뜻 대답하기가 쉽지 않았다. 준비된 답을 내놓기보다는 질문에 답하기를 반복하면서 오히려 생각이 정리되었다. 그렇게 해서 구체화된 아이디어가 바로 "더멋진마을 프로젝트"다.

    "더멋진마을 프로젝트"는 가난하고 열악한 마을을 총체적으로 개발하는 조성 사업이다. 몇 개 마을을 개발하는 과정에서 일정한 프로세스를 도출할 수 있었다.

우리가 접하는 대개의 마을에서는 아이들 3명 중 1명이 5세를 넘기지 못하고 죽어 가고 있었다. 그곳에 깨끗한 식수를 공급할 우물을 파고, 보건소를 세우고, 말라리아 예방 사업을 펼치자 유아 사망률이 현저히 낮아졌다. 살아남은 아이들이 많아지자 학교가 필요해졌다. 학교를 세우니 아이들이 모여들었고, 그 아이들을 먹일 음식이 필요해졌다. 농업전문가들을 투입하여 땅을 일구어 농지를 개발하는 법을 가르치기 시작하니 굶주림의 문제가 해결되기 시작했다.

여기서 끝이 아니다. 먹고사는 문제가 해결되어야 비로소 삶의 질을 생각할 여유가 생기기 때문이다. 이때부터는 소득 증대를 목표로 특수 작물의 재배, 축산, 봉제 등 다양한 기술을 가르친다.

이 모든 과정을 아울러 "더멋진마을 프로젝트"라 한다. 성공적인 결과를 보이는 마을들은 지역 개발 모델로서 주변에 희망의 빛이 되고, 그 나라 지도자들에게는 하나의 정책 대안이 된다.

지금까지 하나님의 섭리 안에서 인연을 맺어 온 마을들을 살펴보면, 한 가지 공통점이 보인다. 국제연합(UN) 회원국 중에서 가장 가난한 나라, 그중에서도 가장 열악한 마을들이라는 것이다.

더멋진마을은 아프리카 대륙에서 시작되었다. 2012년 말, 신종원 주세네갈 대사에게서 전화가 왔다. 내가 "세네갈에 부임하게 되었다고 인사한 게 엊그제 같은데, 벌써 몇 달이 지났군요. 그동안 자리를 잘 잡았어요?" 하고 인사하자 그는 "대사님, 겸임국인 기니비사우 대통령을 수행하여 서울에 와 있습니다. 기니비사우 대통령이 방한 중에 우리나라의 새마을운동에 깊은 감명을 받아서 자기 나라에도 도입하고 싶다는데, 더멋진세상이 도와줄 수 있을까요?" 하고 물었다. 그는 세네갈에 상주하면서 기니, 기니비사우, 말리까지 겸임 중이었다.

국제 개발 분야에 경험이 전무한 신생 NGO가 감당할 만한 일인지 가늠하기가 어려워 쉽게 답하지 못하고 있는데, 그가 기니비사우는 매우 빈곤하고 열악한 나라이니 꼭 한 번 방문해 도와 달라고 간청했다. 그의 요청에 따라 이듬해 3월에 김창옥 전도사님과 함께 조사차 기니비사우를 방문하기로 했다.

기니비사우까지 가는 항공편이 없어서 인천에서 파리를 경유하여 세네갈까지 가는 데 하루가 걸렸다. 다음 날 세네갈의 수도 다카르에서 비자를 발급받고 다시 비행기로 이동하여 기니비사우에 도착하는 데 총 40시간이 걸렸다. 기니비사우의 비사우까지는 자동차로 이동해야 했다.

군대 막사를 개조한 가건물 형태의 호텔에 체크인 했는데, 군사쿠데타와 오랜 내전으로 인해 도시 곳곳에 파괴된 흔적이 역력히 남아 있었다.

다음 날 블롬 지역의 코레이아(Correa) 도지사가 보건부 장관과 함께 인사차 찾아와 기니비사우를 짧게 소개해 주었다. 기니비사우는 1974년에 포르투갈에서 독립한 신생국가로, 토착 신앙 인구가 65%, 이슬람교는 30%, 기독교는 5%에 불과하다. 유럽의 식민 지배에서 독립한 대부분의 아프리카 국가들이 그렇듯이 기니비사우도 무수한 쿠데타에 시달렸다. 그 때문에 사회 기반 시설이 부족하고, 도로가 닦이지 않아 교통이 몹시 불편했다.

우리는 사륜구동으로 비포장도로를 2시간이나 달렸다. 길이 얼마나 험하던지 사륜구동이 감당하기도 벅차 보였다. 마을에 도착하니 학생들과 마을 주민들이 우리를 반갑게 맞아 주었다.

한 초등학교를 방문했는데, 기온이 40도가 넘는데도 전기가 없으니 에어컨은커녕 선풍기도 없이 아이들이 맨바닥에 앉아 있었다. 교장 선생님은 무엇보다도 화장실 설치가 시급하다고 했다. 학교 건물에서 20m쯤 떨어진 곳에 5m 간격으로 파 놓은 구덩이 2개가 전부였기 때문이다. 남자용 화장실과 여자용 화장실을 구분해 놓았을 뿐 가림막조차 없었다.

블롬 마을로 들어서니 문제가 더욱 심각했다. 공동 우물은 썩어 있었고, 사람들이 흙집에서 발가벗고 생활하는 데다 날이 더우니 집 안에 돼지, 염소, 닭, 개 등 온갖 가축이 함께 살고 있었다. 그 바람에 어디를 가도 썩은 내가 진동했다. 바깥 날씨가 워낙 무덥고 습하다 보니 사람과 가축이 그나마 시원한 실내 흙바닥에서 함께 뒹구는 것이 생활하기에 나았던 것이다. 사람이나 동물이나 구정물로 목을 축이니 수인성(水因性) 질병이 만연한 것은 당연했다.

순간 속에서 슬픔과 분노가 함께 일어났다. 하나님의 형상을 따라 창조된 인간의 삶이 너무나 비참해 보였기 때문이다. 열악해도 너무 열악하여 더멋진세상 같은 신생 NGO가 섬기기에는 역부족 같아 보였다. 한 마을을 입양하여 의료 보건, 교육, 농업 개발, 소득 증대 사업까지 일련의 과정을 감당할 엄두가 나지 않았다. 게다가 선교사나 스태프를 파견하기에는 치안이 너무 불안했다. 차라리 시작하지 않는 편이 서로에게 낫겠다는 결론을 내렸다. 호텔에 돌아와 잠자리에 들기 전에 침대 옆에서 무릎을 꿇고 기도했다.

"하나님, 왜 저를 이곳으로 부르셨는지 도통 모르겠습니다. 우물 한두 개 파는 것으로는 해결될 것 같지 않습니다. 우리가 사역하기에는 부적합한 것 같습니다."

그러자 하나님의 음성이 들려왔다.

"그래서 네가 온 것이 아니냐? 네가 하지 않으면, 누가 그 일을 하겠느냐? 네가 이곳에 와서 참 고맙구나."

다음 날 출국 준비를 하는데, 코레이아 도지사가 불쑥 찾아왔다.

"내가 보기에 당신은 복음주의 그리스도인이 틀림없습니다. 나도 복음주의 그리스도인입니다. 지난 10년 동안 이 지역을 돌봐 줄 사람을 보내 달라고 하나님께 기도해 왔습니다. 당신이 바로 우리 기도의 응답이라는 것을 압니다."

그의 말을 듣는 순간 가슴이 뜨거워졌지만, 선뜻 약속할 수가 없었다. 예산이나 여러 가지 실무적 절차를 검토해야 했기에 귀국 후에 검토하겠다며 확답을 미루었다.

귀국한 지 얼마 되지 않아 사무실에서 직원이 전화로 누군가와 옥신각신하는 소리가 들렸다. 이유를 물었더니, 어떤 부인이 더멋진세상 대표와 꼭 통화하고 싶으니 바꿔 달라고 막무가내로 요구한다는 것이었다. 전화기를 건네받으니, 상대방이 대뜸 "아프리카에 우물 하나 짓는 데 얼마나 드나요?" 하고 물었다. "깊이에 따라 다르지만, 평균 1만 불 정도 듭니다"라고 짧게 대답했다. 그랬더니 "오늘 입금하겠습니다. 한 가지 부탁이 있는데요, 우리 아들의 이름을 새겨 주실 수 있나요?"라는 말이 돌아왔다. 알고 보니 그분은 자폐아 아들을 둔 어머니였다.

그때 기니비사우의 블롬 마을이 번개처럼 머릿속을 스쳐 지나갔다. 그 덕분에 블롬 마을을 위해 우물을 파게 되었고(현재 블롬 마을에는 우물이 17개나 된다), 이것을 계기로 마을 개발 프로젝트가 시작되었다.

기니비사우에서 귀국하려면 세네갈의 수도 다카르를 경유해야 했다. 다카르는 서아프리카의 관문이자 파리-다카르 랠리(Paris-Dakar Rally)로 명성이 자자한 곳이다. 매년 크리스마스 시즌에 파리를 출발하여 지중해를 건너 사하라 사막을 횡단하여 약 3주간 1만 2,000-1만 4,000km를 달리는 장거리 자동차 · 오토바이 경주다. 한때 노예무역의 중심지이기도 했던 다카르는 오늘날 국제기구 사무소가 집결된 서아프리카의 경제 중추로, 국제도시의 허브 역할을 하고 있다.

1박 하며 다카르 일대를 돌아보기로 했다. 다카르에서 40km 남짓 떨어진 곳에 있는 분홍빛 호수, 일명 '장미 호수'로 불리는 라크 로즈(Lac Rose)를 가 보기로 했다.

라크 로즈는 대서양과 좁은 언덕을 사이에 두고 맞붙어 있으며, 건기에는 소금 함유량이 1리터당 300g 이상으로 중동의 사해와 비슷한 수준의 염도를 보이는 곳이다. 이곳은 파리-다카르 랠리(Paris-Dakar Rally)의 종착지로 시상식이 열리는 곳이기도 하다.

라크 로즈는 1970년대까지는 평범한 호수였다고 한다. 극심한 가뭄으로 호수가 마르면서 바닥에 있던 소금이 노출되면서부터 분홍빛을 띠기 시작했다. 호수의 염분 때문에 생기는 시아노박테리아(남세균)가 햇빛을 흡수하면서 붉은 색소를 내기 때문이다. 염도가 너무 높아서 다른 유기체는 서식하지 못한다. 다행히 이 박테리아는 인체에 무해해서 호수에서 수영할 수 있다. 수영을 못하는 사람도 둥실 떠 있을 정도다.

가는 길에 사막 한가운데 덩그러니 놓인 마을이 근처에 하나 있다고 해서 사륜구동의 타이어 바람을 반쯤 빼고 난 뒤에 출발하여 40분 정도를 달렸다. 본나바(Bonnava) 마을과의 첫 만남이었다.

'본나바'란 이름은 '마을'을 뜻하는 '본나'(Bonna)와 성씨 '바'(Va)가 합쳐진 것으로, 쉽게 말해서 '바씨 마을'이라는 뜻이다. 이슬람교의 전통이 강한 마을로, 우두머리 역할을 하는 삼 형제가 마을을 삼등분하여 살고 있었다. 삼 형제 중에 첫째와 셋째는 외부와의 접촉을 거부했고, 둘째만 자기가 사는 지역을 개방하여 방문객을 맞았다.

전체 인구가 3,000-4,000명 정도 되는 작지 않은 마을인데, 집 같은 집은 한 채도 안 보이고 사람들도 잘 눈에 띄지 않았다. 그곳에서 브라질 출신의 파울로 선교사를 만났다. 3-4년간 헌신했지만, 이슬람이 강한 지역이라 아직 선교의 열매는 하나도 보이지 않는다고 했다. 인내하며 기다리는 중이라고 했다. NGO에서 조사차 방문했다고 하니 반기면서 이곳이야말로 NGO의 손길이 절실히 필요한 마을이라면서 안내를 자청했다.

왜 사람들이 보이지 않느냐고 했더니 파울로 선교사가 축구공을 하나 들고 마을 한가운데로 가서 공을 높이 차올렸다. 그러자 여기저기 개미굴 같은 곳에서 아이들이 튀어나오더니 금세 수십 명이 모여들었다.

자세히 보니 갈대와 나뭇가지를 얼기설기 엮은 집에서 사람들이 살고 있었다. 학교에 다니지 않는 아이들은 집에서 염소를 기르거나 2km 떨어진 곳에 가서 물을 길어 오는 것이 일상의 전부였다. 축구를 좋아하는 아이들이 많지만 공이 없어서 파올로 선교사가 오는 날을 손꼽아 기다린다고 했다.

갈댓잎으로 얼기설기 엮어 햇빛만 겨우 가리는 제법 큰 집이 하나 있었는데, 알고 보니 이 마을의 유일한 초등학교였다. 30-40명의 학생들이 책걸상 없이 바닥에 벽돌을 깔고 앉아 모랫바닥에 손글씨를 쓰며 배우고 있었다.

마을을 돌아보니 사막 한가운데 자리하고 있어서 농사를 지을 만한 땅은 없고, 대부분의 주민은 인근 도시로 나가 일용직으로 일하고 있었다. 모든 면에서 열악했다. 이곳에서의 NGO 사역이 가능할까 하는 걱정이 앞섰다. 그런데 동네 아이들의 초롱초롱한 눈망울을 보니 생각이 달라졌다. 다른 것은 몰라도 학교 건물은 지어 주어야겠다는 생각이 들었다.

신종원 대사의 주선으로 세네갈 교육부 장관을 만나 본나바에 초등학교를 지을 테니 교사를 파견해 달라고 요청했다. 장관이 흔쾌히 수락했고, 필요한 지원을 해 줄 것을 약속했다. 내친김에 마을 어린이들을 위해 낙후된 보건소를 리모델링하고, 말라리아 약 등 필요한 의약품을 제공하기로 했다.

이어서 2013년 초에 한국국제협력단(KOICA, 코이카)의 월드프렌즈

봉사단으로 더멋진세상에 지원한 2명의 여자 단원을 본나바로 파견했다. 사막 마을에 두 사람이 거주할 집을 지어 주고, 그들이 보건소 관리와 초등학교 아이들의 방과 후 교실을 운영하도록 했다. 그때만 해도 해마다 마을에서 10여 명의 산모가 사망했는데, 보건소에 봉사 단원들이 상주하게 되자 1년 만에 산모 사망자가 2명으로 줄었다. 그 후 지금까지 사망자가 더는 나오지 않고 있다.

후원자들이 "Stop Malaria"라는 말라리아 퇴치 캠페인을 통해 보내 준 모기장 덕분에 말라리아 환자도 10분의 1 수준으로 감소하는 성과를 거뒀다. 당시 20대 꽃다운 나이에 아프리카 사막의 외진 마을을 찾아와 기꺼이 헌신해 준 김수영, 손희원 두 자매를 기억한다. 더멋진세상 초창기에 그들 덕분에 사역의 기초를 다질 수 있었다.

학교 신축은 다카르 한인 교회를 담임한 백원경 목사님에게 맡아 달라고 부탁했다. 그는 현재 더멋진세상의 세네갈 지부장으로 섬기고 있다. 백 목사님과는 1978년 주벨기에 대사관의 영사로 근무할 당시에 외교관과 대한무역투자진흥공사(KOTRA) 직원 사이로 만나 함께 어울려 다닌 인연이 있는데 32년 만에 세네갈에서 NGO 대표와 목사로서 다시 만났으니, 이 또한 주님의 예비하심이라는 확신이 들었다.

본나바 마을과의 만남은 생각지도 않은 축복이었다. 이슬람교도 마을이 더멋진세상이 흘려보낸 하나님의 사랑을 통해 변해 가는 모습을 목격했다. 2013년에 더멋진마을 조성 사업을 본나바 마을에서 시작한 후 2017년 본나바 중학교 준공식에 참석차 오랜만에 다시 방문했을 때, 예전의 본나바는 찾아볼 수 없었다. 말 그대로 상전벽해의 기적이 일어났다. 사막에 길이 시작되는 지점에 "본나바로 가는 길"(Route de Bonnava)이라고 쓰인 표지판이 보였다. 더멋진세상이 시공했다는 글귀를 보니 흐뭇했다. 본나바로 가는 길목의 라크 로즈 호수 주변에 호화 별장들이 들어섰고, 마을에 도착해서 보니 갈댓잎으로 엉성하게 지어졌던 집들은 사라지고 대부분 벽돌집으로 바뀌어 있었다.

우물 공사를 하여 전 세대에 수돗물을 공급하게 되었고, 초등학교 둘과 중학교 하나를 지어 교육에서 소외되는 아이들이 없어졌다. 메마른 사막에서 딸기가 열리고, 병들어 죽어 가던 닭들이 건강하게 자라서 달걀을 생산하고, 제빵 교육과 태양광 전기 교육 등을 통해 주민들이 일자리를 찾았다.

사막을 횡단하는 도로가 뚫리니 더 이상 폐쇄적인 마을이 아니라 외부인들의 출입이 잦은 마을로 변모했다. 쓰레기 수거 차량이 드나들면서 마을은 한결 깨끗해졌다. 머지않아 버스 노선도 생길지 모르는 일이다. 무엇보다도 인구가 급격히 늘어나 작은 도시 같은 느낌이었다. 생활 환경이 개선되고 인프라가 갖추어지니 주변 마을에서 사람들이 몰려든 것이다.

마을에 자생적으로 조그마한 교회가 생기고, 마을이 조금씩 안정적인 모습을 갖추고 성장하고 있다. 그야말로 "사막에 강을 내리라"라는 이사야서 말씀이 실현되었다(사 43:19). 하마터면 평생 모르고 지나쳤을 아프리카 작은 마을에서 하나님은 '새 일'을 행하고 계신다. 얼마나 신실하신 분인가!

본나바 마을은 주변국들에 훌륭한 발전 모델이 되었다. 이웃 나라 토고에서 청년들이 자원하여 양계 사업을 배우러 오기도 한다. 현재 본나바 사역은 더멋진세상의 아프리카 4개국 사역 중에 가장 활발하며 매년 큰 성장을 보여 주고 있다. 그 덕분에 2018년에 한국국제협력단(KOICA) 이사장의 표창을 받기도 했다. 본나바에서의 성공 체험이 "더멋진마을 프로젝트"의 사역 엔진에 구동력을 제공해 주고 있다. 이 사역을 통해 우리 사역은 헐벗고 가난한 자들이 자립을 통해 그들 자신 안에 있는 하나님의 형상을 회복하도록 돕는 마중물 사역임을 배웠다.

본나바 마을의 농업 1단계 사업은 2018년 12월 31일로 종료되었는데, 95세의 마을 촌장이 "이제 막 엄마 품에서 젖을 뗀 마을인데, 좀 더 보살펴 주어야 하지 않겠는가?" 하고 아쉬워했다. 그의 말에 세네갈 정부에 2단계 사업을 제안했는데, 다행히 채택되어 2019년 11월에 시작해 2021년 12월 말까지 3년간 사업이 진행된다. 2단계 사업의 골자는 고소득 작물 재배의 생산성을 높여 소득을 증대하는 것과 주민 자치와 자영의 역량을 강화하는 교육에 집중하는 것이다. 2단계 사업에 성공하면, 본나바 마을은 "더멋진마을 프로젝트"의 마지막 단계인 '이양'에 도달하게 될 것이다. 본나바 마을 스스로 사업을 개발하고 성장하는 단계에 들어가는 것이다.

아프리카에서 제일 먼저 우물을 파야 하는 이유는 수인성 질병의 피해가 극심하기 때문이다. 예방 접종이란 개념이 없으니 앞에서 언급했듯이 세계보건기구(WHO) 통계 5세 미만 영유아의 사망률이 30%가 넘는다.

마을을 입양하면 우물을 짓고, 구충제를 나눠 주는 일부터 시작한다. 그러면 아이들이 살아난다. 우물 사역과 보건소 건립과 학교 건립이 사역적으로 맞물려 있다.

첫째, 우물을 파서 깨끗한 식수를 공급한다. 둘째, 구충제 및 진단 치료를 위해 보건소가 필요하게 되고, 보건소를 짓고 나면 사망률이 현격히 줄어들어 아이들 교육의 필요성이 높아져 학교를 지어야 한다. 그러고 나면 먹을 것을 해결해 주어야 하니 소득 증대 사업을 궁리하기에 이른다. 본나바에서는 딸기, 파프리카, 방울토마토, 상추 등을 재배하고 있다. 셋째, 청년들을 초청하여 병아리 부화 등 적정 기술을 가르친다. 육계와 양계를 운영하기 위한 교육이 필요하다. 마을에 식량을 공급하고 인근 지역에서 경제활동을 할 수 있도록 제빵 기술을 가르치거나 태양광 기술 사업에 관해 가르친다. 전주비전대학교에서 3년 코스로 지도자 교육을 하고 있다. 그들은 귀국 후에 지도자가 되거나 학교 교사가 될 것이다.

이처럼 더멋진세상은 일회성 지원을 하지 않고, 3단계에 걸쳐 마을을 입양하는 방식으로 실질적인 도움을 주고 있다. 국제연합(UN) 회원국 중에서 인구 3,000-5,000명의 가장 열악한 지역의 마을들을 입양하여 단계적이며 유기적으로 사역한다. 한번 입양한 곳은 5-10년간 중단 없이 계속 지원하며, 이를 위해 현지에 지부를 세우고 선교사나 스태프가 상주하며 마을 전체가 유기적으로 고루 성장해 가도록 돕고 있다.

기니비사우의 보육원에서 아이들이 건강하게 자라나고 있다.

총체적 선교의 이상적인 모델
: 르완다

2012년 9월 어느 날, 최진혁 실장이 보건복지부 산하 한국국제보건의료재단(KOFIH)에서 르완다에 이동 진료 차량을 운영할 NGO를 찾는다는 소식을 듣고, 어서 지원해 보자고 했다. 복지부의 국제협력관실에서 주관하는데, 마침 외교통상부의 이경렬 국장이 복지부에 국제협력관으로 파견되어 근무하고 있다는 소식을 듣고, 이 국장에게 더멋진세상이 이동 진료 차량 사업을 수행할 뜻이 있음을 허심탄회하게 밝혔다. 그러자 오히려 이 국장은 사업 규모가 작아 응모하는 NGO가 없던 차에 잘됐다면서 흔쾌히 수락했다. 1997년, OECD 공사로 프랑스 파리에 부임했을 때 함께 근무했던 이 국장을 뜻밖의 장소에서 만나 도움을 받게 하신 하나님께 감사했다.

그뿐 아니라 때마침 외교통상부 경제·통상 분야에서 나와 함께 일했던 황순택 대사가 주르완다 초대 대사로 갓 부임하여 관저도 구하지 못한 채 호텔에 거주하고 있다는 소식을 들었다. 하나님의 계획이 얼마나 촘촘한지 새삼 감탄했다.

일사천리로 준비하여 10월 말에 르완다의 수도 키갈리로 향했다. 그곳에서 브뤼셀 선교 교회에 같이 다녔던 이종구 상무관을 만났다. 전혀 예상치 못했던 만남이다. 그는 선교사가 되어 한국국제협력단(KOICA) 자문관이자 르완다 상공부 장관의 보좌관 신분으로 근무하고 있었다. 그는 특허청 차장을 역임하고 생산기술연구원장으로 재직하던 중에 부르심을 받고, 캐나다 온타리오주의 원주민 보호 구역에 선교사로 파송되어 10년간 헌신하고 나서 인도네시아를 거쳐 르완다로 오게 되었다고 했다.

황 대사의 도움으로 르완다 정부의 NGO 관련 부서 고위 관계자들을 만날 수 있었고, 이동 진료 차량을 운행 중인 군 병원장(르완다 대통령 주치의를 겸함)을 만나 1년간 시행할 지역 순회 진료 계획과 운영비에 관해 합의할 수 있었다.

당시 르완다는 처음 방문한 터라 이종구 선교사님께 외관상 깨끗해 보이는 도시를 구경하기보다는 열악한 환경에서 사는 주민들의 실상을 보고 싶다고 청했다. 이 선교사님이 우리를 수도 키갈리의 동쪽, 자동차로 2시간 거리에 있는 르와마가나시(市)의 웅호망과 마을로 안내해 주었다.

그곳은 열악하기가 어디에 견주어도 빠지지 않을 정도였다. 길은 사륜구동 차량으로도 다닐 수 없을 만큼 형편없었고, 길거리 여기저기에 사람들이 쓰러져 있었는데 돕는 사람이 아무도 없었다. 길을 지나며 눈에 들어오는 광경만 봐도 충격적이었다. 비바람을 겨우 막을 수 있는 흙과 풀잎을 섞어 벽돌을 쌓은 집에는 흙바닥에 옷도 걸치지 않은 대여섯 명의 아이들과 부모가 살고 있었다. 땅은 비옥하지만, 제반 시설이 없고 기술력도 없으니 그들은 가난의 굴레에서 벗어나지 못하고 있었다.

당시 마을에는 벨기에 식민지 시절에 지어진 붉은 벽돌의 단아한 성당이 있었고, 주민들은 대부분 가톨릭 신자였다. 마을 사람들에게 개신교 교회도 있느냐고 묻자 한 사람이 일어나 우리를 안내해 주었는데, 흙벽돌로 지어진 교회 건물은 쓰러지기 일보 직전이었다. 안으로 들어가자 너무 어두워서 잠시 아무것도 보이지 않았다. 냄새만 맡아도 그곳이 얼마나 지저분한지를 알 수 있었다. 그런데 어디선가 사람들이 모여 웅얼거리는 소리가 들려왔다. 무슨 소리냐고 물으니 성도 10여 명이 모여 기도하는 중이라고 했다.

그 순간, 내 안 깊은 곳에서 '이들의 기도가 우리의 발걸음을 이

곳으로 인도했구나' 하는 확신이 들면서 "이들을 도우라"라는 성령
의 음성이 들려왔다. 당시 동행했던 김창옥 전도사님에게 이곳에서
프로젝트를 시작하면 어떻겠느냐고 물으니 흔쾌히 동의했다.

성령의 음성대로 사역을 시작하여 이후 르완다를 다섯 차례 방
문했는데, 그 결과 진료소, 모자보건원, 보건소 등 3개 보건 의료 시
설이 지어졌고, 미취학 아동들의 전인적 발달을 위한 교육 시설인
ECD(Early Childhood Development) 센터가 생겨났으며, 농업 개발을 통
해 농장, 양계장 등을 개설했고, 급수탑을 지음으로써 수도관을 통
해 각 가정에 깨끗한 물을 공급하게 되었다. 또한 응호망과 마을 교
회의 흙벽돌 건물을 말끔하게 재건축했다.

르완다 ECD 센터에서 아이들이 수업을 듣고 있다.

이제는 출산을 앞둔 산모가 진통을 참으며 오토바이를 타고 산길을 달려가는 일은 없어졌다. 또한 주민들에게 보건 위생 교육·산모 교육·지역 보건 요원 역량 강화 교육 등과 함께, 산모를 위한 마마 키트 보급·취약 계층 치료비 지원 및 의료보험료 지원 등을 실시했다. 이를 통해 말라리아로 죽는 유아 사망률이나 산모의 무지로 인해 유산되는 5세 미만의 영유아 사망률이 30% 이상에서 10% 이하로 줄어드는 성과를 거두었다.

농업 교육을 통해 이전보다 수확량이 4-5배 이상 늘었고, 마을마다 협동 농장을 운영하여 소득을 고르게 나눠 갖고 있으며, 실질소득 향상을 위해 계속해서 노력하고 있다. 가까운 가훈도 마을에서도 우물 공사를 했는데, 지하 70m에서 생수가 터져 나왔다. 급수 시설을 짓고, 교회를 신축했다.

지금은 르와마가나시에 르완다 지부가 설립되어 김홍국 선교사님(성결교회 목사)이 지부장으로 섬기며 정일선 사모와 김영일, 김소현 부부, 이렇게 4명의 파송 선교사가 현지 직원들과 협력하여 성공적으로 사역하고 있다.

2018년에 나와 함께 르완다를 방문했던 미국의 저명한 신학자이자 크리스천 칼럼니스트인 넬슨 제닝스(Nelson Jennings) 박사가 르와마가나시의 사례를 현대 선교가 지향해야 할 총체적 선교(wholistic approach)의 이상적인 모델로 극찬한 바 있다.

"나마스테"에서 "저이 머시"로
: 네팔

2013년 초, 경제 · 통상 분야에서 함께 일했던 주네팔 김일두 대사가 "이곳 환경이 너무 열악하니 와서 도와주십시오" 하고 요청해 왔다. 네팔은 자연 경관이 아름다워 관광객의 발길이 끊이지 않는 나라지만 힌두교와 라마 불교의 나라로 복음화율이 2%밖에 안 된다. 게다가 경제 기반이 약하고, 전 국토의 대부분이 산악 지대라 경작 가능한 토지가 16.1% 정도로 적어 1인당 국내총생산(GDP) 규모 세계 103위의 가난한 나라로 꼽힌다.

그해 10월에 처음 방문했는데, 산업화로 인해 분지인 네팔의 수도 카트만두에 차량이 기하급수적으로 늘어나면서 공해가 심각했다. 특히 연소가 되지 않는 나쁜 휘발유를 주로 쓰는 바람에 하늘이 보이지 않을 정도로 공기 질이 안 좋았다. 히말라야산맥이 보이지 않을 정도였다.

네팔 정부 관계자와 협의하여 지역 개발 후보지를 추천받고, 후보 마을들을 두루 살펴보기로 했다. SUV 사륜구동을 렌트하여 현지 선교사님의 도움으로 히말라야산맥의 비포장도로를 달렸다. 1시간가량 달려 첫 번째 마을에 도착하여 주변 환경을 살피고, 다시 이동했다.

운전을 맡은 선교사님은 17년 운전 경력의 베테랑이었다. 현지 사정에 밝은 그는 곳곳에 위험 표시가 있기는 하지만, 해가 지기 전에 다녀와야 한다면서 속력을 높였다. 그러다 무리하는 바람에 오른쪽 바퀴가 바위에 쾅 하고 부딪혔고, 1m가량 튀어 올랐다가 주저앉았다. 펑크가 난 것이다.

조수석에 앉아 있던 내가 정신을 차리고 보니 운전석이 왼쪽 벼랑에 반쯤 걸친 상태였다. 아래는 천 길 낭떠러지였다. 만약에 오른쪽이 아닌 왼쪽 바퀴가 고장 났거나 오른쪽으로 커브를 돌다가 사고가 났더라면, 영락없이 천길 벼랑으로 떨어졌을 것이다. 상황을 파악한 순간, 모골이 송연해졌다.

와이파이도 안 되고, 전화도 안 되는 오지였기에 고장 난 차 앞에 앉아 막연히 기다릴 수밖에 없었다. 하릴없이 바닥에 주저앉아서 멀리 바라보니 그제야 아름다운 풍경이 눈에 들어왔다. 히말라야산맥을 덮고 있는 흰 눈을 바라보며 우두커니 앉아 있었다. 도시에서는 볼 수 없는 맑은 하늘과 고요한 숲이 그제야 눈에 들어왔다. 그렇게 아름다울 수가 없었다. 잠시 모든 것을 잊고, 하나님이 창조하신 멋진 풍경을 감상했다.

2시간쯤 지났을 때, 멀리서 엔진 소리가 들려왔다. 오토바이를 타고 지나가는 마을 주민을 만난 것이다. 그 사람 덕분에 마을로 내려와 렌터카 업체에 연락해서 새 차를 보내 달라고 요청할 수 있었다. 4시간 만에 그곳에서 빠져나올 수 있었다.

더멋진마을을 조성하기에는 무리라는 판단에 사업을 포기하기로 했다. 대신에 네팔 정부의 요청에 따라 화장실이 없던 트래킹 코스에 화장실을 지어 주었고, 인도 국경에 접한 남네팔 지역에 인간면역결핍바이러스(HIV) 감염으로 버려지는 아이들이 많았는데 케어 센터를 지어 50여 명을 수용하고, 현지에 파송된 선교사 2명이 맡아서 운영하기로 했다.

그러다가 2015년 4월 25일, 리히터 규모 7.8의 강진이 네팔을 강타했고, 3주 후 규모 7.3의 2차 지진이 찾아왔다. 두 차례의 지진으로 9,000여 명이 목숨을 잃고, 부상, 가옥 붕괴 등 피해를 본 인구가 800만 명에 이르렀다. 즉시 긴급 구호팀을 꾸려 네팔로 보냈다.

당시 구호를 펼쳤던 마을 중에서 해발 1,300m 산 정상에 자리잡은 고레다라 마을이 있었다. 자동차로 들어갈 수 있는 길조차 없어져서 구호팀은 2시간을 걸어서 들어가야 했다. 지진으로 인해 가옥 82채가 모두 무너졌고, 학교 건물도 부서져 아이들이 천막에서 수업을 듣고 있었다.

박일구 선교사님이 3-4개월을 예정으로 그들과 함께 살면서 마을을 복구하기로 했다. 건축 자재들을 산꼭대기 마을로 올리기 위해서는 먼저 길을 닦아야 했다. 도로를 깔고, 상수도 시설을 복구했으며, 샤워가 가능한 71개소의 화장실을 지었고, 69채의 새집을 짓고, 학교를 세웠다. 마을 전체가 회복되는 데는 결국 1년이 걸렸다. 그사이에 마을 주민의 1%도 안 되던 그리스도인의 수가 35%까지 늘었다. 지진 전에는 12명이 모여 예배했는데, 1년 후에는 90여 명으로 늘어난 것이다. 우리가 교회의 이름으로 도와주지 않았는데도 그들 스스로 예배 처소로 찾아왔고, 마지막에는 주민들의 요청으로 교회를 지었다.

더멋진마을은 재건만으로는 이루어지지 않는다. 다음 단계인 '자립'으로 나아가야 한다. 우리는 고레다라 마을 주민들에게 다양한 작물 재배법을 가르쳤고, 매일 2-3시간씩 옥수수를 갈아 밥을 지어야 하는 여성들을 위해 제분소를 지었으며, 재봉 기술을 가르쳐 주었다.

대지진으로 거의 모든 것을 잃은 고레다라 마을은 더멋진세상을 만나면서 오히려 전환기를 맞고, 하나님의 사랑을 알게 되었다. 우리는 그들이 절망을 이기고 자신들의 힘으로 스스로 일어설 때까지 곁에서 기도하며 지원을 아끼지 않았다.

고레다라 마을의 인사법은 독특하다. 네팔에서는 보통 '당신 마음속에 있는 신께 경배합니다'라는 뜻의 "나마스테"라는 산스크리트어로 인사하는데, 고레다라에서는 "저이 머시"라는 인사말이 더 자주 쓰인다. '저이'는 '승리', '머시'는 '메시아'를 가리킨다. 즉 '예수님은 우리의 승리가 되십니다'라는 뜻이다.

평생 힌두교 신자로 살아왔다는 86세 할머니의 고백이 인상적이다.

"힌두 신이 쓸어 버린 마을을 당신들이 와서 다시 세워 주는군요."

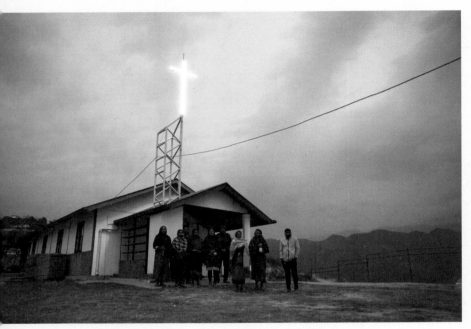

고레다라 은혜 교회 새벽기도회에 참석한 성도들의 모습이다.
십자가 불빛이 산 아래 마을까지 환하게 비춘다.

무너졌던 고레다라 초등학교가 새롭게 건축되어
아이들이 더 넓고 깨끗한 환경에서 수업을 듣고 있다.

고레다라 마을의 가정마다 파이프를 연결하여 수도를 설치했다.

축복의 청지기와 옮겨 심긴 씨앗
: 필리핀, 인도네시아

　　2013년, 필리핀은 대지진과 슈퍼 태풍이 연달아 찾아오는 재난을 겪었다. 필리핀은 세계에서 가장 많은 태풍이 지나가는 나라다. 한 해 평균 20개의 크고 작은 태풍이 지나간다. 그해 10월 중순, 필리핀 세부 인근 보홀섬에서 리히터 규모 7.2의 강진이 발생하여 218명이 사망했다. 그런데 지진 피해를 제대로 복구할 틈도 없이 기상 관측 사상 육지에 상륙한 태풍 중에 가장 강력한 것으로 기록된 슈퍼 태풍 하이옌이 또다시 필리핀을 휩쓸고 지나갔다.

　　'바다제비'라는 뜻의 태풍 하이옌은 반경 400km의 슈퍼 태풍으로 시속 200km의 엄청난 속도로 필리핀 중부 동쪽 레이테섬을 통과하여 세부섬 북부를 지나 서쪽에 자리한 파나이섬 중앙을 강타했다. 이때 약 6,200명이 사망했고, 1,000여 명이 실종됐다. 필리핀 44개 주에서 1,400만 명 이상이 피해를 당했고, 이재민은 400만 명이 넘었다.

우리는 청년 자원봉사자들로 긴급 구호팀을 꾸려 현장으로 달려갔다. 이혁 당시 주필리핀 대사가 세부 지역은 이미 돕는 나라가 많으니 도움의 손길이 미처 닿지 않는 작은 마을들을 도와 달라고 부탁했다. 그래서 우리는 파나이섬 남쪽의 일로일로에서 보홀 마을로 들어갔다. 마을 인근에 자리를 잡고 식량, 텐트, 담요 등을 나눠 주었다. 사정이 얼마나 열악하던지 현지 군인들도 우리에게서 식량을 타 갈 정도였다. 며칠 동안 머물며 무너진 집들과 학교 건물을 수리하는 작업을 했다.

그곳에서 현지 선교사님의 요청을 받고, 100여 가구가 사는 작은 섬 비눙안안섬을 찾아가기로 했다. 파나이섬 중부 동쪽에 외떨어진 이 섬은 평소에도 접근이 쉽지 않은데, 고기잡이 외에는 다른 생계 수단이 없는 열악한 환경이었다. 강풍과 해일로 마을 전체가 가슴 높이까지 물에 잠기면서 도로가 유실되고, 전체 가옥 50채 중 49채가 무너진 상태였다. 폐허 위에 쓰러진 나무들과 쓰레기가 가득 쌓여 있었고, 마을의 생계를 책임지던 고기잡이배 두 척과 그물망은 손볼 수 없을 정도로 망가져 있었다.

삶이 강제 초기화된 그곳에 더멋진마을을 건설하기로 했다. 실의에 빠진 주민들을 찾아가 함께 마을을 재건하자고 힘을 돋우었다. 파손된 집들을 수리하는 데만 약 3개월이 걸렸다. 그 바람에 스태프 중 몇몇은 그곳에서 새해를 맞아야 했다. "더멋진마을 프로젝트"를 통해 주택 60채를 복구했고, 반파되었던 초등학교 건물을 리모델링하고, 학교와 교회 건물을 새로 지었다. 마을 주민들은 가족이 다시 한 지붕 아래 살게 된 것을 가장 기뻐했다.

태양광 패널을 설치하여 가난한 마을의 밤을 환히 밝혔다. 급수탑과 상수도, 정화조와 하수도, 화장실 20개소까지 짓고 나니 주민들이 태풍 피해를 보기 전보다 훨씬 더 좋은 환경에서 살 수 있게 되었다. 우리는 그들의 더 멋진 삶을 응원하기 위해 마을의 유일한 생계 수단인 고기잡이배 두 척을 새로 구입하여 선물했다.

무엇보다도 감사한 것은 그들이 자기 자신을 재난의 피해자가 아닌 축복의 청지기로 여기기 시작했다는 것이다. 그들은 자신들이 모든 것을 잃고 절망에 빠져 있을 때, 먼 나라에서 낯선 이들이 찾아와 마실 물과 음식을 나눠 주고, 폐허가 된 마을을 청소하며 "괜찮습니다. 여기서 다시 시작하면 됩니다"라고 말해 준 것에 감사했다.

어려운 때에 누군가의 도움을 받아 본 사람은 다른 사람의 필요에 민감하게 된다. 그들은 주변 사람들의 아픔을 돌아보며 서로 격려하는 법을 배워 갔다. 언젠가 이 작은 섬에서 하나님의 큰 꿈을 이루어 드리는 지도자가 탄생하기를 기도한다.

필리핀 남쪽 술라웨시해를 건너면 인도네시아 열도가 나타난다. 보르네오섬과 술라웨시섬 사이의 마카사르 해협을 지나 서쪽으로 올라가면 자바섬과 수마트라섬을 만난다. 수마트라섬 남부 람풍주(州)에는 13세기부터 이슬람교를 믿어 온 람풍족이 사는 바뚜바닥 마을이 있다. 1996년에 온누리교회가 입양하여 1999년에 선교사를 파송하기 전까지 람풍족은 복음의 손길이 닿지 않은 미전도 종족이었다. 워낙 이슬람 교세가 강한 지역인 데다가 종족 특유의 폐쇄적인 문화가 복음 전파에 큰 걸림돌이 되었다. 근 20년 동안 그들에게 복음을 전하기 위해 애썼지만, 별 소득이 없었다.

그러다가 다행히 접촉점을 찾을 수 있었는데, 람풍족의 복음화를 위해 헌신해 온 현지인 선교사이자 의사 닥터 빠란(Paran)과 마르디와류요 병원의 원목 디나 목사님이 선교사님과 함께 마을 초등학교에 우물을 설치하고 컴퓨터실을 만들어 주었던 것이다. 그래서 마을 사람들의 근본적인 필요를 함께 해결할 수 있는 지역 개발의 방향성을 가지고 접근하기로 했다.

2016년 1월, 이런 상황에서 더멋진세상이 교회가 아닌 NGO의 이름으로 마을 지도자를 만나 지역 개발을 제안했고, 사업을 추진하는 데 성공했다. 드디어 람풍족의 문이 열린 것이다.

우선, 초등학교에 우물과 화장실을 설치하여 어린이들의 건강과 교육을 지원했다. 그리고 적정 기술을 활용한 바이오가스 시설을 설치하여 소의 분변을 발효시켜 생성된 가스를 파이프로 연결해 주민들이 취사용 연료로 사용하고, 발효된 분변은 비료로 활용하게 했다. 그 덕분에 삶의 질이 향상되고, 농사에 도움이 되는 경험을 한 주민들이 더멋진세상에 마음을 열기 시작했다.

마을에 응급 환자가 발생하면 신속하게 인근 병원으로 이동할 수 있도록 구급차를 배치할 것을 제안했다. 실제 배치할 때까지 마을 지도자와 닥터 빠란이 자주 만나 소통해야 했는데, 두 사람의 만남으로 마을 사역의 문이 열리기 시작했다.

람풍족을 위해 오랫동안 기도하며 사역해 온 닥터 빠란은 특히 차세대에 깊은 관심이 있다. 2017년에는 마을 사역을 진행하는 동시에, 마을 어린이 가운데 3명을 마을에서 3시간 거리에 있는 작은 도시의 기독교 학교에 진학시켰다. 아이들은 현지인 목회자인 디나 목사님과 닥터 빠란이 함께 운영하는 청소년 센터에서 공동생활을 하게 되었다. 아이들의 부모는 모두 이슬람교도이지만, 자녀들이 도시에서 더 나은 교육을 받을 수 있다는 사실에 기독교 학교로의 유학을 허락해 주었다. 기적 같은 일이었다.

기독교 문화를 직접 체험할 길이 없는 환경에 사는 아이들에게는 기숙 생활을 할 수 있는 기독교 학교에 진학하는 것이 복음을 접하는 좋은 기회가 된다. 내친김에 우리는 학생들의 학비를 지원하는 데서 그치지 않고, 장기적 관점에서 아이들이 람풍족의 차세대 리더로 성장할 수 있도록 장차 한국의 대학으로 유학하도록 지원할 계획이다.

하나님이 새로운 땅에 옮겨 심긴 3명의 어린 학생들을 특별히 보살펴 주고 계심을 느낀다. 아침저녁으로 드리는 예배와 QT 나눔을 통해 아이들은 이슬람교의 오랜 습관과 문화에서 점차 벗어나고 있다. 그들의 작은 변화가 결국 마을 전체를 변화시키고, 지역을 변화시키고, 나라를 변화시킬 것을 믿는다.

예수님을 믿고 뭐가 달라졌나요?
: 스리랑카 ●

2014년, 남아시아 인도 대륙의 동남쪽에 있는 섬나라 스리랑카의 남서쪽 가네물라 온누리교회에서 지은 국제학교에 고 (故) 하용조 목사홀 증축과 타밀 지역의 물라티브 마을에 더멋진 세상이 교회 겸 마을회관을 지어 준공식에 참석차, 우리는 당시 온누리교회 권사회 회장을 맡고 있던 아내와 권사회 임원들과 함께 방문했다.

1948년 영국으로부터 독립한 스리랑카는 1972년에 현재 국명으로 바꾸기 전까지 '실론'(Ceylon)으로 알려졌다. 그래서 스리랑카의 주요 수출품인 홍차는 지금도 '실론티'(Ceylon Tea)로 불린다. 아름다운 자연환경과 유네스코 세계문화유산 유적지들을 보유하고 있어 '인도양의 진주'로도 불린다.

그런데 인구의 다수를 차지하는 불교계 싱할라족(Sinhalese, 74%)과 소수 힌두교계 타밀족(Tamils, 18%) 사이의 오랜 분쟁 때문에 독립 후에 그들이 누린 평화 기간은 10년이 채 안 된다. 스리랑카 정부군과 타밀 반군 간의 무력 충돌이 본격화된 1983년부터 오늘날까지 10만 명 이상의 사망자와 수십만 명의 부상자를 냈고, 100만 명 이상의 난민이 발생했다. 스리랑카 내전은 세계적으로 가장 잔혹하고 폭력적인 분쟁 중 하나로 꼽힌다.

타밀 지역은 오랜 내전으로 남자가 거의 다 죽을 만큼 초토화되었다. 게다가 내전 당시 타밀 반군이 나무 위에 올라가 날아오는 비행기에 박격포를 쏘아 댔다는 이유로 정부에서 야자수를 모두 베어 버려서 황량한 마을에 전쟁 과부들만 남아 있는 경우가 많다.

산속에 있는 아길 마을도 마찬가지였다. 여성 대부분이 차 밭에서 일하는데, 탁아 시설이 따로 없어서 아기를 업고 일하거나 흙바닥에 방치해 두곤 했다. 또 식수원이 마을 외곽의 오래되고 오염된 우물밖에 없어서 수인성 질병으로 고통받고 있었다.

2016년 2월, 아길 마을을 더멋진마을로 조성하기 위한 5개년 계획의 시작으로 가장 시급한 식수 사업부터 착수했다. 낡은 우물을 정수 및 보수하고, 마을에 급수탑을 세워서 수로를 연결하는 데까지 1년이 걸렸다. 이제 먼 곳까지 물을 길으러 가지 않아도 마을 곳곳에 설치된 수도 시설에서 깨끗한 물을 받을 수 있게 되었다.

고무적인 것은 의료 봉사 활동과 지역 사회 개발에 관한 교육과 훈련을 통해 마을 사람들이 자신들의 고질적이며 심각한 문제점들을 인식하고, 해결 방법을 찾기 위해 고심하며 서로 의견을 나누기 시작했다는 것이다. 엄마가 차 밭에서 일하는 동안에 아이를 맡길 수 있는 데이케어센터를 짓기 위해 마을 주민들이 머리를 모았다. 교사 교육과 운영에 관한 계획을 짜고, 자신들이 할 수 있는 일들을 찾아서 맡는 등 주도적으로 움직였다.

코로나19 사태로 잠시 주춤하긴 했지만, 계획대로 2020년 2월, 모두의 염원을 모아 그들이 꿈꾸던 아길데이케어센터가 드디어 완공되었다. 준공식 날, 마을 잔치가 벌어졌다. 주민들은 함박웃음을 지었고, 아이들은 마을 입구에서부터 춤추며 센터를 향해 달려갔다.

스리랑카에는 싱할라족과 타밀족 외에도 무어족, 말레이족, 버거족 등이 있고, 소수민족으로 오랜 세월 그곳에서 살아온 토착 원주민 베다족이 있다. 이들은 국가 정책으로 지정된 보호 구역에서 살아가는데, 라투갈러 베다, 헤나니갈러 베다, 달루카나 베다, 폴리벳다 베다, 담바나 베다 등 5개 지역에 흩어져 살고 있다. 그들 중에는 국립공원으로 지정된 보호 구역의 밀림에서 수렵과 채취를 하며 원시적으로 살아가는 사람들도 있지만, 대부분은 농사를 위주로 살아가고, 젊은이들은 아예 보호 구역을 벗어나 일자리를 찾아 도시로 떠나기도 한다.

1996년 10월, 온누리교회가 수도 콜롬보로부터 400km 떨어진 동부 내륙의 라투갈러 마을을 입양하여 우물을 설치하고, 현지인 밀턴 목사님의 사역을 지원했다.

밀턴 목사님은 베다족 복음화를 위해 헌신한 사람으로, 초창기부터 주말이면 수도 콜롬보에서 자동차로 9시간을 달려와 마을 주민들에게 복음을 전하고, 주일 저녁에 다시 콜롬보로 돌아가는 생활을 했다. 주중에는 도시에서 채소를 팔아 경비를 마련하곤 했는데, 마을에 교회를 세운 후로는 농장을 운영하며 닭과 돼지를 팔아 생긴 수익금을 교회 운영에 사용하고 있다.

라투갈러 마을은 휴대전화가 켜지지 않는 오지로 외부와 단절된 채 살아온 터라 폐쇄적이었는데, 이성희(두란노해외선교회 소속) 선교사님이 밀턴 목사님의 사역에 합류하면서 입양 종족에 대한 사역이 본격적으로 시작되었다.

2016년 10월, 더멋진세상이 라투갈러 마을의 개발 사업을 시작했다. 2020년까지 4개년 계획을 세웠다. 2017년부터 매주 무료 진료를 실시해 오고 있으며, 2017년 6월에 교회와 청소년 비전 및 진료 센터 건립에 착공하여 이듬해인 2018년 2월에 완공했다. 마을 주민을 위한 진료 공간과 청소년 방과 후 교실 등에 쓰이고 있다.

이로써 산속에 흩어져 사느라 공동체를 경험할 기회가 적었던 주민들이 모여서 교류하고, 서로를 깊이 알아 갈 수 있는 열린 공간이 생긴 것이다. 라투갈러 마을 주민들을 위해 헌신해 온 밀턴 목사님은 나날이 발전해 가는 마을을 보며 감격했다.

우리도 밀턴 목사님 못지않게 가슴 뭉클한 순간을 경험했다. 베다족의 거주지 중에서 개발 대상 마을을 찾기 위해 현지 조사를 하다가 헤나니갈러 마을에서 10여 년 전에 온누리교회에서 미전도 종족 입양 사역을 할 때 만났던 믿음의 여인 아눌러(Anula)를 다시 만난 것이다.

오랜만에 만난 아눌러의 초가집은 너무 낡아서 곧 쓰러질 듯했고, 부엌살림은 돌 3개 위에 놓인 찌그러진 냄비 하나가 전부였다. 그녀는 이 낡고 어두운 집을 동네 아이들의 영어 공부방으로 내주고 있었다. 여전히 가난하게 사는 모습에 울컥한 김창옥 전도사님이 "(이렇게 가난한데) 예수님을 믿고 뭐가 달라졌나요?" 하고 물었다. 그러자 아눌러가 빙그레 웃으며 대답했다.

"내 마음에 평안이 있지요. 내가 믿는 하나님은 살아 계신 하나님이시니까요."

우리는 라투갈러 마을을 개발 대상지로 선정하여 교회와 비전센터 건물을 지으면서 헤나니갈러 마을의 아눌러 집도 새로 짓기로 했다. 2017년 7월 새집이 완공되었다. 이제 아이들의 영어 공부방

뿐 아니라 목회자와 가족들이 함께 모여 기도하며 찬양하는 예배 처소로도 쓰이게 되었다. 살아 계신 하나님이 아눌러와 베다족 사람들 모두에게 평안을 주시길 기도한다.

베다족 복음화를 위해 재건축한 라투갈러 교회 모습이다.

2년 반의 보상과 교두보
: 홍콩

　　2015년 2월, 어느 토요일이었다. 코끝이 시릴 정도로 추운 날씨에 햇빛이 따사로이 들어오는 거실에서 손님과 차를 마시고 있었다. 아내가 전화를 받아 보라고 건네주면서 "청와대"라고 했다. 받아 보니 청와대 비서실인데, 중국과의 관계가 점점 더 중요해지고 있으므로 주중국 공사와 주홍콩 총영사를 역임한 바 있는 내가 다시 한 번 국가를 위해 헌신하는 마음으로 주홍콩 총영사를 맡아 줄 수 있겠느냐는 정중한 부탁이었다.

　　정말 생각지도 못한 제안이었다. '은퇴한 지 8년이 지났는데, 국가가 나를 다시 부르다니….' 만감이 교차했다. 엉겁결에 "네, 잘 알겠습니다"라고 답했다. 그러고 나서 딸과 아들에게 이런 제의가 들어왔다고 하니 딸이 냉큼 "아빠, 잘 알아보고 하세요. 보이스피싱인지 어떻게 알아요?"라고 할 정도로 우리에겐 뜻밖의 제안이었다. 나의 특임공관장 발탁은 예전에 박근혜 대통령 대선 캠프의 직능총괄본부 특보를 맡았던 것이 계기가 되었다는 전언을 들은 바 있다.

지금은 외교부의 제도가 많이 바뀌어서 공관장 임명을 2회로 제한하고 있지만, 그 당시에는 최소한 공관장 2회 또는 3회를 지내고 나서 64세에 은퇴하였는데 나는 공관장 2회 역임, 3년 반(주홍콩 총영사 1년, 주브라질 대사 2년 반) 만에 58세의 나이로 아무 이유도 없이 강제 퇴직을 당하여 말 못할 아쉬움이 마음 한편에 늘 묵직하게 내재되어 있었다.

그러나 더멋진세상의 대표로서 하나님의 일을 감사하며 감당하고 있던 터라 이런 갑작스러운 제의를 받아들여야 할지 말지 고심했다. 그런데 아내가 "그동안 당신의 명예 회복을 위해 기도해 왔어요" 하며 내게 기도 일지를 보여 주면서 기도 응답을 받았다고 기뻐하는 것이 아닌가. 그러면서 "이것은 틀림없이 하나님이 하신 일이니 받아들여요"라고 했다.

나도 사실 그동안 외교부에 대한 섭섭한 마음에 선배나 후배를 만나는 것도 꺼리고 있었다. 마음속 깊이 묻어 둔 섭섭함을 하나님이 아시고, 다시 공관장으로 나갈 수 있는 기회를 주신 것이다. 그것도 홍콩으로 말이다.

홍콩은 중국, 미국, 베트남과 더불어 외교적으로 경제·통상 분야에서 4대 중요 국가다. 특히 홍콩은 금융의 중심지이자 세계정세와 관련된 정보가 가장 활발히 유통되는 곳이기도 하다. 이런 홍콩으로 다시 보내 주신다니 새삼 하나님의 크신 사랑에 감격하여 감사기도를 드렸다.

더멋진세상의 회장이신 이재훈 목사님에게 관련된 일을 보고하고, 대표직을 사임하는 것이 좋겠다고 말씀드렸다. 그런데 목사님이 만류하며 대표직은 공석으로 둔 채 떠나도 상관없다면서, 유능한 스태프들에게 일을 맡기고 중요한 일은 유선으로 처리하면 되지 않겠느냐고 하셨다. 목사님의 의견에 따르기로 하고, 스태프들과 향후 업무 처리에 관해 의논하고, 보고 체계를 상황에 맞게 정비했다.

2015년 4월, 특임공관장으로 임명되어 주홍콩 총영사로 부임했다. 홍콩에 도착하여 오랜만에 영사관을 둘러보니 감회가 새로웠다. 2001년에 제20대 총영사로 부임했다가 14년 만에 제26대 총영사로 돌아온 것이다. 복도에 역대 총영사들의 사진이 걸려 있는데, 내 사진이 5칸을 사이에 두고 또 하나가 걸리게 되었다.

한곳에 두 번 부임하니 교민 사회에 낯익어 반가운 얼굴들이 많았다. 현지 교민들과 협력하여 온누리교회를 롤 모델로 하는 홍콩 온누리비전교회를 개척하는 일을 도와주고, NGO 더멋진세상과 CGNTV가 연합하여 "CGN-Better World"라는 NGO를 등록했다. 그렇게 함으로써 홍콩의 후원자들을 만날 수 있었고, 홍콩뿐 아니라 중국 남부 지역과 동남아 일대를 향한 선교의 교두보를 마련할 수 있었다.

그해 11월에는 홍콩 내 한국 기관 및 단체와 기업들이 참여하는 홍콩 장애아동 복지기금 마련 자선바자회(Sandy Bay Charity Fair at DKCH 2015)를 샌디베이에 위치한 켄트공작부인아동병원(The Duchess of Kent Children's Hospital)에서 열었다.

홍콩에서 생활하는 동안에도 서울 본부와는 온라인으로 사역 보고를 받으며 중요한 결정을 해 나갔다. 김창옥 전도사님과 유능한 스태프들 덕분에 걱정 없이 일을 추진해 나갈 수 있었다.

14년 만에 주홍콩 총영사로 다시 부임해 보니 그동안 우리나라의 위상이 달라진 것을 온몸으로 느낄 수 있었다. 홍콩의 재력가와 고위층 인사들이 한국 총영사 관저에서 여는 만찬에 초대받기를 기대하는 것이 아닌가. K-푸드, K-팝, K-드라마 등 한류 열풍 덕분에 한국과 홍콩 사이의 교역을 확대하고, 양국 문화 교류를 활성화하는 데 기여할 수 있어서 보람되었다. 그 예로 우리나라 최초로 홍콩에 한우를 수출했고, 한국문화원을 개원했으며, 홍콩경제무역사무소를 개설했다.

그런데 한편으로는 고통스러운 일도 있었다. 당시 홍콩 한국국제학교(KIS)가 우리 정부의 보조금을 받으면서도 정부의 관리와 감독을 무시하며 회계 보고를 하지 않고, 감사 자료도 제출하지 않는 등 파행적으로 운영되고 있어 큰 문제가 되었다. 따라서 공관장으로서 학교 운영을 정상화하기 위해 문제에 개입해야 했다. 그 과정에서 학교 운영 관계자들과 마찰을 빚게 된 것이다.

그들이 외교부 본부와 청와대 등에 투서를 올리고, 고소까지 하여 개인적으로 무척 힘든 시간을 보냈다. 터무니없는 비방과 무고를 당할 때는 심적으로 고통스러웠지만, 그럼에도 불구하고 하나님이 승리의 길로 가게 해 주실 것을 믿었기에 어려움을 감당할 수 있었다. 결국 하나님이 정의를 밝혀 주셨고, 지금은 한국국제학교가 정상화되어 잘 운영되고 있어 교민들이 감사하고 있다. 한 교민은 그들의 숙원을 해결해 준 것에 감사하는 뜻으로 매년 더멋진세상에 1만 불씩 후원하고 있다. 재임 시 겪은 가장 힘든 일이었지만, 동시에 보람된 일로 기억된다.

은퇴 후 홍콩 공관장으로 부르심을 통해 그간 마음속에 남아 있던 아쉬움을 떨쳐 버리게 하시고, 외교관으로서 명예롭게 퇴직하게 해 주신 하나님께 모든 영광을 돌린다.

복음에 빚진 자들의 발걸음
: 캄보디아, 미얀마 ●

2015년 여름, 아시아교육봉사회(VESA, Volunteers for Educational Services In Asia)에서 MOU 체결을 제안해 왔다. 아시아교육봉사회는 1999년부터 캄보디아에 선교사를 파송·후원해 온 이화선교사후원회가 모체가 되어 2004년 10월 29일에 창립된 선교 기관으로, 100여 년 전 구한말, 미국의 메리 스크랜턴(Mary Scranton) 여사가 암울한 조선 땅에 최초의 여성 교육 기관인 이화학당을 세운 것에 감사한 이화여자대학교 크리스천 교수들이 중심이 되어 활동하는 단체다.

아시아교육봉사회는 캄보디아 프놈펜에서 50km 떨어진 깜뽕수

프주 스렁 지역에 유치원, 초중고를 아우르는 이화스렁학교를 세워 지속적으로 교육에 힘써 왔다. 바로 그곳에 보건진료소 설립을 도와 달라고 우리에게 요청해 온 것이다. 2015년 10월, 캄보디아를 방문하여 이화스렁중학교 개교식과 보건진료소의 기공식에 참석했다.

캄보디아는 1975년부터 1979년까지 4년 동안 폴 포트(Pol Pot)의 급진 공산주의 정권 크메르루주가 인구의 4분의 1에 해당하는 200만 명을 학살한 20세기 최악의 사건 중 하나가 벌어진 나라다.

오죽하면 '킬링필드'(Killing Fields)로 불렸을까. 1999년에야 비로소 공식적으로 내전이 끝났는데, 세계 최빈국 중의 하나로 꼽힌다. 내전으로 인해 나라를 이끌어 갈 미래 인재들이 많이 희생된 탓에 어두운 그림자가 아직 꽤 길게 드리워져 있다.

2016년 10월, 보건진료소의 준공식에 초대되어 참석하러 가는 길에 아시아교육봉사회 측에서 IT교실의 자재를 지원해 달라는 요청이 있어 컴퓨터 100대를 가져가 기증했다.

초록빛 논밭 사이에 빨간 지붕을 얹은 보건소가 눈에 띈다. 캄보

2016년 스렁 지역에 건축한 보건소 전경이다.

143

디아의 미래를 밝힐 인재들이 스렁 지역에서 배출되기를 기도한다. 우리는 아시아교육봉사회와 함께 이곳 스렁 지역을 기반으로 "더 멋진마을 프로젝트"를 진행할 계획이다. 아시아교육봉사회 회장 전길자 교수님의 헌신으로 캄보디아에도 이화여자대학교 못지않게 수많은 여성 인재를 길러 내는 대학이 세워지길 소망한다.

캄보디아가 자리한 인도차이나반도를 거슬러 올라가면 대륙과 반도를 잇는 곳에 미얀마가 있다. 1988년 '버마'에서 '미얀마'로 국호를 바꾸었다. 그러나 당시 군부 독재가 국호를 바꾸었다는 이유로 미국을 비롯한 몇몇 나라에서는 여전히 버마로 부르고 있다.

2014년, 우리는 한국국제협력단(KOICA)이 2008년부터 미얀마에서 벌여 온 지원 사업이 종료될 시점에 후속 사업의 실행 여부를 판단하기 위해 현장 조사를 목적으로 미얀마에 첫발을 내디뎠다. 하지만 안타깝게도 당시 방문했던 두 마을은 우리와 뜻을 같이할 마음과 자립 의지가 보이지 않았다. 우리는 미얀마 지원 사업 계획을 잠시 보류한 채 기도하며 하나님의 인도하심을 기다렸다.

2016년, 그로부터 2년이 지난 어느 날 미얀마 현지에서 사역하는 정바울 선교사님으로부터 편지가 한 통 도착했다. 내용인즉 미얀마 북서부 미개척 지역에 사는 그두족을 찾았는데, 선교사로서는 접근하기가 어려운 지역이니 NGO 더멋진세상에 현장 조사를 요청한다는 것이었다. 하나님의 인도하심으로 여기고 그두족의 마을을 조사하기로 했다.

미얀마에는 135개의 소수민족이 있다. 그두족은 인도에서 남하한 불교 계통의 소수 종족으로, 미얀마 중부 사가잉 지역의 도시 벗마욱 인근 산악 지대에 3개 지역 50개 마을에 걸쳐 흩어져 살고 있다. 인구는 총 4만 5,000명 정도이며 미전도 종족이다.

그들은 교통이 불편한 외진 곳에서 외부와 단절된 채 살아가고 있으며 남존여비 사상이 매우 강한 편이다. 의료 시설이 열악하여 중풍, 부인병, 말라리아, 영양실조 등에 시달리고 있으면서도 민간 요법에만 의존하고 있다. 촌장과 승려들이 각 마을을 관리하므로 타 문화의 수용력이 낮은 편이다.

그두족 주민들의 오랜 소원은 마을에 보건소가 생기는 것이었다. 우리는 그두족 마을들의 중심인 벗마욱에 보건소를 짓기로 했다. 그러면 인근 지역에 흩어져 사는 주민들이 이곳에서 진료를 받을 수 있기 때문이다.

2017년 7월, 보건소 건축을 시작하여 이듬해 3월에 완공했다. 전문 건축 업체의 도움 없이 그두족 마을의 지도자들과 의논하며 작업하느라 어려움을 겪기도 했지만, 촌장의 열정과 현지 목회자 가정의 섬김으로 마침내 마무리할 수 있었다.

그곳에서 더멋진세상의 실행위원인 산부인과 의사 노정숙 선생님이 내과, 소아과, 피부과 등 동료 의사들과 함께 무료 진료 활동을 했다. 태어나서 한 번도 제대로 된 진료를 받아 보지 못한 그두족 주민들을 위해 가능한 한 다양한 종류의 약을 챙기고, 초음파 기계 2대와 혈액 검사기와 각종 의료 도구를 준비해 깊은 산속으로 실어 날랐다.

이틀 동안 210명이 찾아왔는데, 그중에 다수가 이미 중증 환자였다. 대부분 큰 수술을 받거나 장기간 약을 복용해야 하는 경우였다. 그러나 정작 자신의 병세를 아는 환자는 아무도 없었고, 병을 알려 주어도 실감하지 못하는 사람이 많아서 참으로 안타까웠다.

그두족 마을이 더 멋진 마을로 개선되어 주민들이 더 멋진 삶을 살기를 바랄 뿐이다. 그들이 하나님과의 더 멋진 만남으로 나아가기를 기도한다.

조금 더디더라도 스스로 설 수 있도록
: 몽골

아시아 중앙 내륙에 자리한 몽골은 북서쪽으로 러시아와 국경을 맞대고 있으며, 남동쪽으로 중국과 맞닿아 있다. 영토는 넓은데, 그에 비해 인구는 적은 편이다. 13세기 초에 칭기즈 칸(Chingiz Khan)이 역사상 가장 큰 몽골 대제국을 건설하여 동서 여러 나라에 큰 영향을 끼친 바 있고, 구소련에 이어 세계에서 두 번째로 공산주의를 채택한 나라이기도 하다. 최근 심각한 경제난을 타개하고 경제 지원을 확보하기 위해 공산주의 체제를 버리고, 국제기구에 가입하거나, 서방 국가들과 관계를 맺으려고 노력하는 등 개방 외교와 자본주의 시장 경제로 전환해 나가고 있다.

2015년부터 몽골 지역을 조사하기 시작하여 이듬해 9월에 현장을 점검한 뒤 초원 지대에 완전히 고립되어 있던 한 마을을 더멋진마을로 선정했다. 2000년에 온누리교회에서 몽골의 브리야트족 4개 마을(바잉동, 바잉올, 차강호, 다시발바르)을 입양했는데, 그중 가장 오지에 있고, 가장 환경이 열악한 바잉동 마을을 선택한 것이다.

바잉동 마을은 몽골의 수도 울란바토르에서 초이발산까지 비행기를 타고 가서 다시 자동차로 5시간을 달려가야만 하는 곳에 있어서 지리적인 접근성이 떨어지는 마을이다. 주로 목축이나 농업에 종사하고 있으며, 국립 유치원이 하나, 초·중·고가 하나 있다. 군청, 경찰서, 보건소 등이 있지만, 생활 편의 시설의 질적 수준은 낮은 편이다. 정부에서 개발해 준 우물이 3개 있으나 수질과 수량이 부족한 상태다.

몽골은 1년에 250일 이상 맑은 날이기 때문에 '푸른 하늘의 나라'로 불린다. 그러나 겨울에는 시베리아 고기압의 영향으로 극도로 추워진다. 바잉동 마을도 10월부터 4월까지 기온이 영하 20-40도까지 내려가므로 이 기간에는 경제 활동을 하기가 어렵다. 따라서 소득 수준이 낮은 편이다.

우리는 5개년 계획을 수립하고 차근차근 실행해 나갔다. 먼저, 첫해인 2016년에 가정교회를 위해 우물을 하나 파기 시작하여 2020년까지 매년 우물 공사를 펼쳐 총 8개의 우물을 팠고, 2020년

몽골 주민들이 더멋진마을 프로젝트에 따라 경작에 나섰다.

6월에는 하수 시스템을 구축했다. 또한 마을 지도자들의 의식을 개선하고 그들 스스로 마을 개발 프로젝트를 진행하게 하기 위해서 CHE(Community Health Evangelism) 훈련을 매년 실시하고 있다. CHE는 '전인적 지역 사회 개발 선교' 전략으로, 건강한 삶에 필요한 4가지 영역, 즉 영적, 정서적, 사회적, 육체적으로 균형과 조화를 이루도록 돕는 것을 가리킨다. 감자와 당근을 시범 재배하여 먹거리를 해결할 뿐만 아니라 소득을 올릴 수 있도록 노력하고 있다.

"더멋진마을 프로젝트"는 열악한 한 마을을 총체적으로 일으켜 세워 깨끗한 마을, 건강한 마을, 부요한 마을이 되게 하는 것이 목표다. 마을 주민들이 주인의식을 갖고 자신들의 내적 자원을 활용하여 마을의 발전을 위해 스스로 일어서도록 돕는 것이 우리가 할 일이다.

국제연합(UN)은 지속가능발전목표를 구현하기 위한 실천 전략으로 개척 단계(Pioneering), 부모 단계(Parenting), 친구 단계(Friendship), 참여자 단계(Participation), 이양 단계(Transfer) 등 5단계를 제시하는데, 한 마을이 자립, 자영, 자치의 수준으로 성장해 가는 과정을 표현한 것이다. 마을 주민들이 주도적으로 일할 수 있도록 단계별 전략에 따라 사업을 진행해야 한다.

바잉동 마을에서도 마찬가지로 모든 사업은 이양을 전제로, 더디더라도 주민의 자발적 의견 수렴과 참여를 바탕으로 진행해 가고 있다.

그곳에 사람이 있다
: 시리아, 남수단 난민들

전쟁과 기근 등으로 고향을 떠나 유리하는 난민은 선한 사마리아인의 섬김이 가장 절실한 이들이다. 우리는 2012년 미얀마 난민과 시리아 난민을 돕는 일을 시작으로 난민을 대상으로 하는 인도적 지원 사업을 계속 펼쳐 왔다. 긴급 구호와 난민 지원 활동으로 대표되는 인도적 지원 사업은 더멋진마을 조성 사업 및 어린이 생명 살리기 사업과 더불어 더멋진세상의 3대 핵심 사업이다.

2011년 시작된 시리아 내전은 500만 명이 넘는 난민을 발생시켰고, 지금도 여전히 진행 중이다. 전쟁의 참화를 피해 고향을 떠난 난민들은 인접국인 터키, 레바논, 요르단, 이라크 등지로 이동하여 정착했고, 심지어 북아프리카와 유럽에까지 이동하고 있다.

시리아에 인접한 레바논으로 피신한 난민 아이들은 공교육을 받지 못하는데, UN난민학교에 다니는 아이들은 그나마 행운이다. 나머지는 방치되는 경우가 많고, 10세가 넘으면 돈벌이를 위해 아예 학업을 포기하기도 한다. 불법 체류자 신분으로 교육을 제대로 받지 못한 채 성장한다면, 이 아이들의 미래는 불안정한 정세와 맞물려 예측 불가능한 상태가 되고 말 것이다.

2016년 9월, 우리는 레바논 북부 마스티타 지역과 인근의 비블로스 구역에 거주하는 시리아 난민 가정의 5-9세 아이들을 위한 기초 교육 지원 사업으로 아파트를 개조해 교실 4칸의 교육센터를 개설했다. 센터에 다니는 아이들은 대부분 UN난민학교에 다니지 않는 아이들이고, 그중에는 센터에서 나눠 주는 간식이 끼니의 전부인 경우도 있다. 또한 간질이나 근위축증 같은 선천성 질환을 앓고 있는 아이들도 있다.

레바논 사람들을 대상으로 목회하다가 "비블로스 지역의 저소득층과 난민들을 도우라"라는 하나님의 부르심에 순종하여 "필라델피아 채리티"(Philadelphia Charity)라는 NGO를 설립한 안드레 목사님이 현지 사역 동역자로서 우리와 관계를 맺고, 센터 인근으로 거처를 옮겨 난민 가정을 방문하고 바우처를 공급하면서 전도 사역을 하고 있다.

시리아에서 고등학교 아랍어 교사였던 루스드라(Lystra)는 난민이 되어 레바논에 온 뒤로 재정적 어려움에 시달리며 극심한 스트레스를 받았다. 그러던 중 7세 딸 사라를 센터에 보내면서 안드레 목사님을 통해 복음을 전해 들었다. 루스드라는 난민 생활의 어려움을 극복할 힘을 얻고 평안을 되찾게 되자 개종을 결심하고 세례를 받았다.

시리아의 또 다른 인접 국가인 요르단에는 유엔난민기구(UNHCR)의 통계로는 2018년 현재, 시리아 난민 66만 명(요르단 정부 자체 조사로는 130만 명), 이라크 난민 7만 명, 예멘 난민 1만 5,000명, 수단 난민 6,000명 등 모두 75만여 명의 난민이 거주하고 있다.

그중 13만 명의 시리아 난민이 자타리 캠프와 아즈라크 캠프 두 곳에 집단 거주하고 있으며, 나머지는 각 도시에 흩어져서 도시 난민 형태로 살고 있다. 대부분 국제연합(UN)을 비롯한 여러 단체에서 주는 구호금과 앞서 유럽이나 캐나다로 이주한 친인척들이 송금해 주는 돈으로 생계를 유지한다. 요르단의 실업률이 높아서 난민들은 일자리조차 구하기가 어려운 형편이다.

2017년 4월, 요르단 암만시 자발후세인 지역에 온누리난민센터 (ANC, All Nations Center)를 설립했는데, 약 30가구의 시리아 난민이 등록했다.

자발후세인 지역은 서울의 남산과 같이 암만시의 지리적 중심이

라고 할 수 있는 암만 성채(Amman Citadel)와 인접한 구시가지의 주택
가로 크기가 서울의 한 개 동(洞) 정도다. 시리아 난민뿐 아니라 그
리스도인이 다수인 이라크 난민과 팔레스타인 난민도 이곳에 거주
하고 있다. 암만 성채는 밧세바의 남편 우리아가 전사한 곳이기도
하다(삼하 11장).

센터에서는 시리아 난민과 이라크 난민을 위한 어린이 태권도
교실, 영어 교실, 운동 치료 교실과 시리아 문맹 어린이를 위한 아
랍어 교실, 시리아 여성을 위한 비즈반 등을 개설해 운영하고 있다.

특히 어린이 태권도 교실은 2016년 브라질 올림픽에서 요르단
태권도 국가 대표가 역사상 첫 올림픽 금메달을 획득하면서 태권도
에 대한 호감도가 상승하여 인기가 높다. 그리고 시리아인들은 자
국에서 영어를 배운 적이 전혀 없는데, 요르단에서는 영어가 제2공
용어에 가까우므로 영어 교육이 필수적이다. 또한 주로 육체노동을
하는 성인 남성들은 흔히 근골격계 질환을 앓으므로 운동 치료가
필요하다.

대개 자국에서 안정된 생활을 하던 사람들이 갑자기 난민이 되
기 때문에 타국에서 차별받는 이방인 신세가 되면 심각한 트라우
마를 겪곤 한다. 난민 신분이라 차별을 받아도 법적인 보호를 받지
못하며, 요르단에서 아무리 오래 살아도 만년 2등 시민으로 살 수
밖에 없다. 그들에게는 두 가지 선택이 있다. 난민 쿼터[유럽연합(EU)

이 난민 회원국의 경제 규모 등에 맞춰 난민 수용자를 할당하기로 한 제도]가 남아 있는 나라에 이민 신청을 하든지 아니면 요르단에서 잘 적응하고 사는 것이다. 그들이 가장 바라는 것은 물론 유럽, 캐나다, 호주 등 으로 이민을 가는 것이다.

그나마 감사한 것은 자국을 탈출한 이슬람교도 출신 난민들이 난생처음으로 복음을 듣게 되었다는 것이다. 현지 선교사님에 따르면, 이슬람교가 창시된 7세기 이후 이렇게 많은 이슬람교도가 복음을 받아들인 것은 1,400여 년 만에 처음이라고 한다.

2016년, 요르단과 레바논에서 시리아 난민 사업을 진행하던 중에 정붕진 선교사님을 통해 우간다에 수용된 남수단 난민들의 사정을 접하고 현지 스태프들이 조사를 시작했다.

남수단 난민들이 주로 수용된 지역은 우간다 동북부 지역이다. 1990년대 말에 모요 지구가 동쪽 아주마니 지구와 서쪽 오봉기 지구로 나뉘었는데, 비교적 접근하기가 좋은 아주마니 지구는 유엔난민기구(UNHCR)가 이미 터를 잘 닦아 놓아 거주 환경이 안정된 편이었다. 그래서 좀 더 접근이 어려운 오봉기 지구를 살펴봤는데, 그중에서도 고립된 환경의 부드리 마을을 돕기 시작했다. 타 기관의 지원이 미치지 않아 환경이 훨씬 열악했기 때문이다.

2016년 10월부터 약 1년간 부드리 마을의 난민 학교를 위해 텐트 교실 20동을 제공하고, 2개의 우물을 파고, 200여 개의 교실용

정수기를 설치하는 등 일회성 지원을 하며 중장기 계획을 준비했다. 2017년 10월, 부드리 마을을 현장 방문하여 살피고, 사업지로 선정하여 2018년부터 지원 활동을 본격적으로 시작했다.

아프리카의 동북부에 자리한 남수단은 2013년 12월에 정부군과 반군 사이의 세력 다툼으로 인해 내전이 발발하여 수만 명이 죽고 수백만 명이 난민이 되는 불행을 겪었다. 2020년 2월 현재, 계속되는 내전으로 주변 나라로 피난한 난민의 수가 약 220만 명에 달한다.

난민들은 잔혹한 살육을 피해 맨몸으로 도망쳐 나왔지만, 생존한 것만으로도 감사하다고 말한다. 난민의 99%가 직업이 없으니 소득 수준은 월 5달러 미만에 불과하다. 사실상 돈보다 식량 공급이 더 절실한 형편이다. 배급되는 식량은 유엔난민기구(UNHCR)가 한 달에 한 번 제공하는 옥수숫가루 12kg이 전부일 때가 많아 대부분 죽으로 끓여 먹는다.

난민촌에서는 가정당(4인 기준) 20×30m의 땅을 나누어 준다. 대부분 유엔난민기구(UNHCR)에서 제공하는 텐트를 짓고 사는데, 일부는 벽돌과 진흙으로 집을 지어 살기도 한다. 몇몇은 양파나 토마토 같은 작물을 재배하여 시장에 내다 팔거나 필요한 물건과 바꾸기도 한다.

마을 전체가 9개의 우물로 생활하는데, 우물 1개당 1,000명 이상

의 난민이 사용해야 하므로 식수를 얻으려면 20리터들이 물통⁽제
라칸⁾을 가지고 몇 시간씩 줄을 서서 기다려야 한다. 우기에는 통에
빗물을 받아 식수로 사용하기도 한다.

2018년, 마을에 1개의 우물을 추가로 팠고, 6개 교회의 지붕을
개량했다. 유치원생과 초등학생 3,000명에게 교과서와 학용품을
제공하고, 초등학생 500여 명의 1년 학비를 지원하기도 했다. 그해
9월에는 16개 교실을 갖춘 부드리 초등학교가 완공되었다. 난민들
의 소득 향상을 위해 개설한 재봉 교실에서 초등학생 1,000여 명의
교복을 지어 선물하기도 했다. 또 2020년 1월 완공을 목표로 중등
학교를 건축했으나 코로나19 사태로 인해 일정에 차질이 생겼다.

한 마을을 품으면 일어나는 일
: 멕시코

2017년 5월, 오랜 준비 끝에 드디어 중남미 사역이 시작되었다. 우리는 중남미 사역을 향한 비전을 품고, 미주와 캐나다에 지부를 세울 준비를 했다. 그러다가 2016년 9월부터 구체적으로 사역 대상 지역을 조사하기 시작했는데, 멕시코 북부 국경 지역의 소외된 마을 푸엔테스를 만난 것이다.

푸엔테스 마을은 주소지가 없는 마을이다. 멕시코에서 정식 마을로 승인을 받기 위해서는 학교, 마을회관, 운동 시설 등을 갖추어야 하는데, 골짜기에 자리한 푸엔테스는 아무것도 없는 빈민촌이기 때문이다. 쓰레기를 뒤져서 생계를 꾸려야 하는 것이 그곳 주민들의 현실이었다. 우리는 LA 온누리교회와 현지 건축 전문 기관 등과 파트너십을 맺어 푸엔테스 사람들이 자신들의 삶을 스스로 개척해 나갈 수 있도록 지원하기로 했다.

LA에서 남쪽으로 약 200km 떨어진 거리에 있는 푸엔테스 마을은 멕시코 국경에서 자동차로 30여 분 달려 국경 도시 티후아나 외곽의 완만한 산자락을 타고 올라가야 만날 수 있다. 물론 길은 비포장 상태다.

600여 가구 3,000여 명의 주민이 사는 마을에 그나마 전기는 들어오지만, 식수는 물차에서 돈을 주고 사야 한다. 수도관이 연결되어 있기는 한데, 물 공급이 안 되고 있기 때문이다. 하나 있는 우물은 깊이가 얕아서 짠물이 나와 식수로는 사용하지 못한다. 재래식 화장실이 있지만, 산에서 해결하는 경우가 많다.

마을 주민들은 대부분 공장에서 일하거나 농장에서 허드렛일을 하거나 청소부로 일하고, 여성과 아이들은 대부분 마을 근처 쓰레기장에서 페트병이나 유리병 등을 주워 팔아서 생활비를 번다. 2015년에 빈민가에 집을 지어 주는 일을 하는 미국 NGO "머시"(MERCY)가 방 한 칸에 외부 화장실 한 칸짜리 소형 주택을 50채가량 지어 주었으나 아직 대부분은 판잣집이다.

주민들의 최고 걱정거리는 초등학교가 있는 옆 마을로 매일 40-50분씩 걸어서 등교하는 아이들의 안전 문제였다. 아동을 대상으로 한 범죄 사건, 즉 납치나 성폭행 사건이 심심찮게 일어나기 때문이다.

그래서 우리는 아이들이 마을 안에서 안전하게 교육받을 수 있도록 초등학교부터 짓기로 하고, 2017년 6월에 착공하여 이듬해 1월에 12개 교실과 2개의 화장실을 갖춘 건물을 완공했다. 사람들에게 초등학교 건물을 짓는 데 인건비가 한 푼도 안 들었다고 하면 농담하지 말라고 하지만, 농담이 아니라 사실 그대로다. LA 온누리교회에서 120여 명의 자원봉사자가 4차에 걸쳐 참여했으며, 푸엔테스 마을 주민들이 직접 공사했기에 가능한 일이었다.

2018년부터 격년으로 의료 봉사를 실시했는데, 주민들의 건강 상태를 미리 자세히 조사하여 구체적인 도움을 줄 수 있었다. 조사한 결과, 비만과 당뇨가 심한 사람들이 많아서 관련된 약을 준비하고, 탄수화물 위주의 식습관을 개선할 수 있도록 책자를 만들어 나눠 주고 교육했다. 또한 지속 가능한 의료 사역을 펼칠 수 있도록 개인별 차트를 만들어 자세히 기록했다.

푸엔테스 마을의 여성들은 대부분 3명 이상의 자녀를 원한다. 그런데 어린 나이에 출산하거나 비만으로 일찌감치 단산되는 경우가 많아서 병원 진료가 필수다. 하지만 멕시코 정부의 산아 제한 정책 때문에 병원에 가기를 꺼린다는 사실을 알고, 임신 시 영양의 중요성과 출산 전후 감염 관리법을 교육하고, 출산 계획 및 피임 방법에 관해서도 교육했다. 초음파 검사로 태아의 상태를 처음 확인한 산모가 얼마나 기뻐하던지! 그 모습을 보는 것만으로도 의료 봉사자의 피로가 한순간에 풀렸다고 한다.

푸엔테스 마을은 미국 NGO 머시와 LA 온누리교회와 더멋진세상이 한 마을을 품고 협력하여 선교적 비전을 실천해 간 좋은 사례다.

푸엔테스 초등학교 완공식에 참석한 사람들이 환하게 웃고 있다.

다시 현장으로
: 모리타니, 세네갈

2018년 9월, 홍콩 총영사의 소임을 마치고 귀국했다. 여독이 풀리자마자 곧바로 아프리카로 날아갔다. 모리타니(Mauritania) 엘부라이트 초등학교 준공식에 참석하기 위해서였다.

모리타니는 이슬람교의 세력이 강한 나라다. 그래서인지 갈 때마다 영적인 저항이 강하게 느껴지곤 한다. 세네갈의 수도 다카르에서 모리타니행 항공편을 기다리는데, 공항 파업으로 꼬박 12시간을 기다려야 했다.

더멋진세상의 이사이자 평소 든든한 후원자인 김희준 대표가 모리타니의 수도 누악쇼트의 공항에 도착하자마자 급체하여 일정에 제동이 걸렸다. 우리 일행은 악한 영의 공격이 분명하다는 생각에 그리스도의 보혈에 의지하여 대적 기도를 했다.

결국 몸 상태가 좋지 않은 김 대표는 누악쇼트 호텔에서 쉬기로 하고, 현지 지부장을 맡은 모 선교사님과 함께 자동차로 4시간을 달려 엘부라이트 마을에 도착했다. 풀 한 포기 보이지 않는 사막 한 가운데 있는 마을이다. 이런 곳에 사람이 살다니 경이로울 뿐이다.

4개의 작은 촌락이 맞물리는 곳에 3동짜리 엘부라이트 초등학교가 세워졌다. 촌장이 "영국이나 프랑스나 중국이나 어느 나라도 돌아보지 않는 이곳을 찾아온 당신들은 알라신이 보낸 천사들이 틀림없습니다. 진심으로 고맙습니다. 이제 학교를 중심으로 네 촌락이 연합하여 더 좋은 마을을 만들어 보겠습니다"라고 인사하며 다짐하는 모습을 보니 그간의 고생을 한 번에 보상받는 듯했다. 초등학교 완공을 시작으로 농업 개발 및 급수 사업을 추진하기로 했다. 언젠가는 교회 준공식에도 참석하게 되기를 간절히 소망한다.

준공식 후에는 마을 잔치가 벌어졌다. 통째로 구운 양을 한가운데 걸어 놓고, 마을 사람들이 모두 둘러앉았다. 귀한 손님에게는 양고기를 대접하는 것이 마을의 전통이라고 했다. 촌장이 일주일 전에 아내가 세상을 떠나는 바람에 이 정도로밖에 차리지 못했다면서 성의를 봐서 꼭 먹어 보라고 권했다. 사실, 음식이 비위에 맞지 않아 적당히 먹는 시늉만 하려고 했는데, 촌장의 눈가가 촉촉해진 것을 보니 차마 그럴 수가 없었다. 최대한 숨을 참으며 꿀꺽꿀꺽 고 깃덩이를 삼켰다.

일정을 마치고 다시 누악쇼트를 향해 돌아오는 길에 사막 한가운 데서 타이어에 펑크가 났다. 모래바람이 심해 차 안에 있을 수밖에 없는데, 얼마나 뜨겁던지 숨 쉴 때마다 폐가 따끔거릴 정도였다. 구 조 차량이 올 때까지 기다리는 몇 시간이 고통스러우면서도 감사했 다. 다른 사람들은 은퇴할 나이에 여전히 하나님께 쓰임 받고 있다는 사실이 새삼 감사했다. 또 한편으로는 장차 내가 이만큼 인내해 나가 야 함을 미리 일깨워 주시는 것이 아닌가 하는 생각이 들었다. 인내 의 과정이 쓰면 쓸수록 그 열매는 다디달다는 것을 배워 오지 않았던 가. 나는 2년 반 만에 현장으로 돌아왔다는 사실을 비로소 실감했다.

귀국하는 길에 본나바 마을의 농업 개발 현장을 점검할 겸 다시 찾았는데, 2년 반 만에 얼마나 달라졌던지 그 변화에 놀랐다. 사륜 구동의 타이어 바람을 반쯤 빼고 달려도 덜컹거릴 만큼 길이 험했 던 곳에 조개껍데기가 깔린 평평한 길이 놓이고, 휑하던 호숫가에 는 아름다운 별장 건물들이 들어선 모습을 보니 눈물이 맺힐 정도 로 감격스러웠다. 그동안 보고서를 통해 현지의 변화를 꾸준히 봐 왔지만, 실제 눈으로 확인하니 이루 말할 수 없는 감동이 밀려왔다.

갈대로 얼기설기 지어졌던 집들은 흔적도 보이지 않고, 번듯한 벽돌집이 늘어서 있었다. 한국국제협력단(KOICA)과 공동으로 추진

밭일하는 본나바 마을 부녀자들과 함께 담소를 나누며 즐거운 시간을 보내고 있다.

한 양계와 농사를 접목한 개발 프로젝트가 성공리에 정착하여 각 가정이 소규모로 닭을 기르면서 농작물도 재배해 소득을 올리고 있었다. 이제는 더 이상 가난한 마을이 아니다. 살기 좋은 마을이 되었다는 소식을 듣고 타 지역에서 이주해 온 사람들이 많아서인지 마을에 활기가 넘쳤다. 천지가 개벽한 느낌이었다.

"보라 내가 새 일을 행하리니 이제 나타낼 것이라 너희가 그것을 알지 못하겠느냐 반드시 내가 광야에 길을 사막에 강을 내리니"(사 43:19). 이사야서 말씀이 현실에서 그대로 이루어진 광경을 눈으로 목격하고 나니, 하나님의 말씀은 이 순간에도 이루어지는 진리임을 분명히 깨달을 수 있었다.

2019년 1월에는 마키 살(Macky Sal) 세네갈 대통령의 초청을 받아 제3차 아프리카 부상에 관한 국제회의 패널 토론자로 참석한 이주영 당시 국회부의장이 본나바 마을을 방문하고는 사막에 낙원을 건설했다면서 감탄하기도 했다.

모든 일정을 마치고 숙소로 돌아와 귀국할 준비를 하고 있는데, 주세네갈 김효은 대사로부터 나를 기다리는 사람이 있으니 관저로 급히 와 달라는 연락이 왔다. 무슨 일인가 하여 서둘러 가 보니 웬 키가 크고 건장한 세네갈 군인이 나를 기다리고 있었다. 그는 대통령 안보 보좌관을 겸하고 있는 공군 참모 총장 디오프(Diop) 3성 장군이었다. 더멋진세상이 본나바에서 한 일을 봤다면서 정부를 대신해 감사 인사를 했다. 그러더니 다짜고짜 자기와 꼭 같이 가 볼 곳이 있다고 했다.

어리둥절한 채로 그를 따라 관저를 나섰다. 헌병들이 앞뒤로 경호하는 가운데 수도 다카르에서 2시간 반을 달려갔다. 디오프 장관의 고향 티에스 마을로 가는 길이었다. 그는 가난하고 낙후된 마을 티에스에서 태어나 초등학교 졸업 후 군사학교에 진학하여 프랑스 유학을 다녀오고, 공군 참모 총장에까지 오른 입지전적 인물이었다. 마을 입구에 들어서자 수백 명의 주민이 디오프 장관의 이름을 연호하며 환호했고, 어린아이들이 자동차 뒤를 쫓아 달렸다.

그는 어느 초등학교로 나를 안내했다. 쓰러질 듯 위태해 보이는 허름한 건물에서 아이들이 왁자지껄 소리를 내며 공부하고 있었다. 40명 정도 앉을 수 있을 법한 작은 교실에 2배는 족히 넘어 보이는 수의 아이들이 다닥다닥 붙어 앉아 있었다. 그야말로 콩나물시루 같았다. 듣자니 400명 정도 수용할 수 있는 건물에서 1,200명의 학생이 공부하고 있다고 했다.

학교 운동장에 마을 사람들이 모여들었다. 디오프 장관이 나를 '전 세계적으로 구호 활동을 벌이고 있는 작지만 알찬 NGO 더멋진 세상의 큰 형님(Big Boss)'으로 소개하며 앞으로 티에스 마을에도 도움을 줄 것으로 기대한다고 말했다.

그는 학교 건물을 리모델링하거나 신축해 주기를 바랐지만, 100만 달러가 넘게 들어가는 대공사라 우리가 감당하기에는 역부족이라고 솔직하게 말해 주었다. 그러자 마을 보건소도 도움이 절실한 상황이라면서 나를 보건소로 데려갔다. 산부인과 분만실에 가림막이 없어서 훤히 들여다보일 정도로 시설이 열악했다. 적잖이 충격을 받은 나는 그에게 학교 대신 보건소를 지어 주겠다고 약속했다.

2019년 10월, 티에스 보건소 준공식에 참석차 다시 세네갈로 날아갔다. 보건소와 함께 청소년 문화원 겸 도서관도 개관했다. 그새 디오프 장군은 군 총사령관이 되어 4성 장군이 됨으로써 명실공히 세네갈의 2인자가 되어 있었다. 1년 전에는 나를 "형님"(my big brother)으로 부르더니 이번에는 "친한 친구"(dear friend)라 부르며 "우리 마을은 언제 해 줄 거요?" 하며 친근함을 과시했다.

그는 세네갈 정부가 한국항공우주산업(KAI)이 제작한 공군 훈련기 T-50을 10대 구매했다는 사실을 언급하며 티에스 마을뿐 아니라 아버지의 고향 마을도 본나바처럼 개발해 달라고 부탁해 왔다. 하지만 이미 중장기 계획에 따라 프로젝트를 진행하고 있으므로 주세네갈 대사관을 통해 대한민국 정부에 정식으로 원조를 요청할 것을 조언하며 에둘러 거절했다. '본나바'라는 이름이 마법의 주문이 되어서는 곤란하기 때문이다. 본나바와의 만남이 하나님의 섭리로 우연을 가장하여 찾아왔듯이, 우리의 발걸음이 언제나 하나님의 뜻 가운데 인도함 받기를 바랄 뿐이다.

사랑은 신중한 기다림이다
: 몰도바, 우크라이나 ●

2018년 9월, 주우크라이나 이양구 대사가 도움을 청해 왔다. 겸임국인 몰도바의 사는 형편이 아프리카보다도 못하니 부디 직접 방문하여 둘러보고 지원 사업을 구상해 달라는 간곡한 요청이었다.

  몰도바는 동유럽의 내륙 국가로 서쪽 루마니아와 동북쪽 우크라이나 사이에 끼어 있다. 루마니아와 같은 라틴계 민족으로 한때 통일을 추진하기도 했지만, 정치적 견해 차이로 성사되지는 못했다. 현재 전 유럽에서 가장 가난한 나라로 꼽힌다. 구소련에 속해 있을 때는 그렇게까지 못사는 지역이 아니었지만, 구소련이 붕괴되자 다른 지역들과의 교역량이 줄어들고, 국내 산업 구조가 마비된 채 정체되어 경제가 큰 타격을 입었다.

게다가 국내적으로 2개 지역이 자치를 주장하고 있어 분쟁의 불씨를 안고 있는 상태다. 몰도바 정부의 통제 아래 자치 정부를 운영하는 가가우지아 공화국과 일방적으로 독립을 선언한 트라스니스트리아 지역 때문에 몰도바는 유럽연합(EU)이나 북대서양조약기구(NATO)에 가입하지 못하고 있다.

그해 10월, 김순태 실장님과 함께 몰도바로 향하여 현지에서 사역하는 한호진 선교사님과 합류했다. 몰도바의 수도 키시네프에서 동쪽으로 약 90km 떨어진 뽀가네쉬티 마을을 소개받았다. 자동차로 비포장도로를 약 2시간 정도 달려가 인구 1,400명에 420가구 정도 되는 아주 작은 농촌 마을에 도착했다.

뽀가네쉬티 마을의 첫인상은 1950-60년대 우리나라 농촌과 매우 비슷했다. 전기는 들어오지만, 수도 시설은 안 되어 있고, 우물이 한 군데 있기는 하지만 심하게 오염되어 식수로는 사용할 수 없는 상태였다.

마을 주민들에게 당장 해결해야 할 가장 시급한 문제가 무엇인지 물었다. 그러자 그들은 보건소의 열악한 시설을 개선해야 한다고 목소리를 높였다. 마을에 보건소가 한 곳 있기는 했지만, 시설이 워낙 낙후되다 보니 키시네프까지 가서 국립병원을 찾아가거나 중간 지점에 있는 흔체쉬티나(읍 · 면에 해당)에 가서 진료를 받아야 하는 번거로움이 있었다. 심지어 응급 환자가 발생해도 구급차가 도착하기까지 2시간을 기다려야 하는 상황이었다. 또한 오염된 우물을 쓰다 보니 수인성 질병에 시달리는 주민이 많았다.

한호진 선교사님이 마을에 봉제 공장을 세우고, 루마니아에서 주문자위탁생산 방식으로 주문을 받아 제품을 생산하여 판매하자는 아이디어를 냈지만, 마을 사람들의 힘으로는 구현할 길이 없었다. 그래서 우리에게 그와 관련한 기자재를 지원해 달라고 요청했다.

현장 조사 후에 사업 계획을 구체적으로 세웠다. 사회복지공동모금회와 협조하여 2018년부터 2년에 걸쳐 보건소 리모델링 사업과 식수관 조성 사업을 진행했다.

보건소의 리모델링과 난방 시스템 공사를 마친 후, 마을 주민들을 대상으로 보건 위생 교육을 실시했다. 또한 주민들의 진료 기록을 전산화함으로써 질병을 언제든지 추적 조사할 수 있게 되었고, 의료 봉사자가 왔을 때 효율적으로 일할 수 있게 되었다. 몰도바 정부에서 의사를 파견할 예정이다.

사실, 마을 주민들은 보건소 리모델링 계획에 별 기대를 하지 않았다. 왜냐하면 다른 NGO들이 와서 시설 개선을 약속하기만 하고, 실행에 옮긴 적은 한 번도 없었기 때문이다. 보건소가 마침내 완공되자 보건소는 마을 주민들이 가장 자주 찾는 곳이 되었다. 특히 겨울철에는 따뜻한 보건소로 사람들이 몰려들곤 한다.

몰도바는 전국적으로 상수도 시설의 보급률이 저조하기 때문에, 지방으로 갈수록 지하수에 의존한 우물물을 사용하는 경우가 많다. 2019년 유엔개발계획(UNDP)의 자료에 따르면, 몰도바의 지하수층 음용 기준은 정부 기준에 미치지 못하며, 가축에 의한 오염이 증가하는 추세다.

1차로 약 100가구가 지방 행정 기관을 통해 사비를 들여 자체 공사로 가정의 상수관을 주 상수도관에 연결했다. 2020년 6월부터 2차 식수 사업이 진행 중인데, 몰도바의 외교부, 농림부, 환경부가 뽀가네쉬티에서 진행되고 있는 식수 사업에 큰 관심을 기울이고 있다. 한국의 새마을운동을 소개함으로써 주민들의 의식을 고양시키고, 상수도 사용료 지불에 관한 이해와 인식을 재고할 수 있도록 도울 계획이다. 추후 봉제 사업을 추진할 예정이다.

몰도바에 인접한 나라 우크라이나는 영토 면적이 한반도의 3.5배나 되는데, 유럽 전체에서 러시아 다음으로 영토가 넓다. 인구도 동유럽에서 가장 많다. 문화적 전통이 오래되었으며, 과거 구소련에 속한 15개 공화국 중에서 인구와 경제적 중요성 면에서 러시아 다음가는 비중을 차지했었다. 그러나 현재는 몰도바에 버금가는 가난한 나라가 되었다.

토지가 비옥하여 '유럽의 곡창 지대'로 불렸으며, 구소련 시절에 지어진 대규모 공업 단지나 제철소, 탄광, 원전 등의 시설을 가지고 있어 경제 발전에 좋은 조건을 갖추고 있다. 하지만 위치상 전략적 중요성 때문에 서방과 러시아 사이의 정치 패권 싸움에 시달리고 있다. 그러나 우주 항공 기술이 발달했으며, 정보통신기술(IT)이 발달한 나라이기도 하다. 관련 전문 인력이 4만 명 이상이나 되는, 발전 가능성이 높은 나라다.

2019년 3월, 김희준 대표와 함께 우크라이나를 처음 방문했다. 주우크라이나 이양구 대사와 동행하여 현지에서 사역하는 김태한 선교사님의 안내로 체르노빌 인근에 있는 올리자리브까 마을과 크로피브냐 마을을 둘러봤다. 이 대사가 체르노빌 원전 사고 지역의 환경이 극히 열악하니 꼭 도움을 주었으면 좋겠다고 부탁했다.

1986년 4월, 러시아 체르노빌에서 일어난 원전 폭발 사고로 인근 우크라이나 지역이 황폐화될 뻔했다. 자칫하면 인구 200만의 우크라이나 수도 키예프가 죽음의 도시가 될 수도 있었다. 체르노빌에서 겨우 100km 정도밖에 떨어져 있지 않은 데다가 증기 폭발로 원전 바닥이 완전히 녹아 버리면 키예프의 상수원인 드네프르강이 오염될 것이 분명했기 때문이다. 하지만 다행히 최악의 상황은 모면했다.

올리자리브까 마을은 수도 키예프에서 서북쪽으로 약 97km 떨어진 곳에 있는 인구 300명의 아주 작은 마을이다. 1년에 반은 겨울인 곳이다. 전기 공급이나 수도 설비 등은 양호한 편이다.

보건소도 있고 보건 인력도 있지만, 시설이 열악하고 의약품이 부족하여 주민들에게 실질적인 도움을 주지 못하는 상황이었다. 마을 주민들은 물질적인 지원보다는 미용, 정비, 농기구 운전, 컴퓨터 교육 등 직업 교육 과정의 개설과 다음 세대를 위한 교육 과정을 지원받기를 원했다. 그들에게는 새로운 직업의 창출과 자녀 교육이 제일 큰 관심사였다.

올리자리브까에서 멀지 않은 곳에 크로피브냐 마을이 있다. 이곳도 인구 300명 정도의 작은 마을이다. 전기, 수도 등의 인프라가 잘 갖추어져 있고, 식수 공급이 원활하며, 의료 시설 또한 양호한 편이다. 이곳 사람들도 올리자리브까 마을 사람들처럼 유기농 축산, 양계장, 비닐하우스(수경 재배 방식), 스마트 파밍(Smart Farming, 농작물의 질과 양의 개선을 위해 현대 기술을 접목한 농업), 조경수, 조경석 등 새로운 직업 창출과 관련된 일에 관심이 높고, 한국을 방문하여 직접 체험하고 배우기를 원할 정도로 적극적이었다.

우리는 학교에 컴퓨터를 지원하고, 운동장을 정비하고, 도서관에 도서를 확충해 주었다. 학교 교육 과정에 유기농 축산, 양계장, 비닐하우스, 스마트 파밍 등 직업 관련 과정을 개설하도록 돕고, 여름 방학, 겨울 방학 캠프에 신앙 교육 프로그램과 한국어, 영어 등 외국어 교육 프로그램을 운영하기로 했다.

체르노빌 인근 82개 마을 지도자가 훈련받을 수 있는 전문 교육 기관(훈련원)을 설립하고, 국내 유명 기독 초등학교를 벤치마킹하여 현지에 기독 초등학교를 설립할 계획이다.

2015년경부터 현지 침례교 교인들이 올리자리브까 마을과 크로 피브냐 마을에 교회를 개척하기 위해 정기적으로 방문하여 친분을 쌓고, 학교에서 여름 방학 캠프(수양회)를 운영하고, 마을 주민들에게 종교 영화를 보여 주는 등 꾸준히 활동해 온 덕분에 주민들은 복음에 어느 정도 열려 있는 상태다.

그러므로 두 마을을 대상으로 "더멋진마을 프로젝트"를 펼치려면, 마을 주민들과 유대감부터 형성하는 것이 중요하다. 마을 지도자와 주민들을 알아 가며 상호 이해의 폭을 넓히는 것이 장기 계획에 더 필요할 것이다.

우크라이나 방문을 계기로 김희준 대표는 주한우크라이나 명예 영사로 위촉되어 한국과 우크라이나의 교류 증진과 경제·문화 발전에 기여하는 민간 외교관으로서 다양한 역할을 하게 되었다. 앞으로도 양국 간 우호 증진과 경제 협력 증진을 위해 귀하게 쓰임받으리라 확신한다.

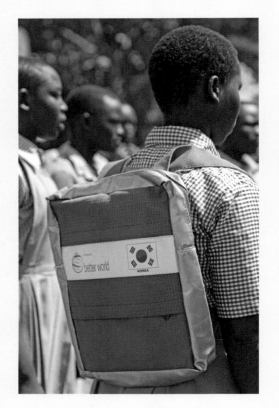

선물 받은 가방을 멘 부드리 초등학교 학생의 모습이다.

옥수숫가루로 만든 급식을 받고 있는 부드리 초등학교 학생들의 모습이다.

우리가 알거니와 하나님을 사랑하는 자 곧 그의 뜻대로 부르심을 입은 자들에게는
모든 것이 합력하여 선을 이루느니라_롬 8:28

희망은 있다 ○ 보이지 않아도

일시 정지

2019년 12월, 스위스 제네바에서 유엔난민기구(UNHCR) 주최로 세계난민포럼이 최초로 개최되었다. 나는 시리아 난민과 우간다의 남수단 난민을 위한 사역을 보다 적극적으로 펼치기 위해 제네바로 향했다.

그곳에서 뜻하지 않은 만남이 계속 이어졌다. 유엔난민기구 본부 아프리카 담당 클레멘타인 느크웨타-살라미(Clémentine Nkweta-Salami) 국장과 우간다 난민 장관 나무양구 카차 제니퍼(Namuyangu Kacha Jenipher)를 만나서 더멋진세상의 남수단 난민 사역을 상세히 설명할 수 있었다. 그 결과, 유엔난민기구와 우간다 정부가 우리와 협력하여 3-5만 명의 난민이 거주할 수 있는 신도시를 개발하기로 했다. 그곳에 도로와 주택, 상하수도 등의 인프라를 구축하고, 소득을 창출할 수 있는 사업을 개발하기로 하고 2020년 4월에 우간다를 방문하기로 했다. 그때 유엔난민기구 우간다 지부장과 총리를 만나 난민 정착촌의 모델을 만들 기대에 부풀어 돌아왔다.

그뿐만 아니라 2020년 상반기에 중앙아시아의 척박한 나라 타지키스탄과 우즈베키스탄을 방문하여 현지 공관장들을 만나 마을 개발과 관련된 계획을 세우고, 또 중남미의 파라과이, 볼리비아 등 열악한 나라들을 방문하여 그중에서도 어려운 지역을 돌아보며 향후 사역의 지평을 넓혀 갈 계획도 세웠다. 그런데 인간이란 내일 일을 알지 못하는 무지한 존재임을 깨닫게 하는 사건이 일어났다. 코로나19가 모든 것을 멈추게 하리라고는 꿈에도 생각하지 못한 것이다. 우리는 "사람이 마음으로 자기의 길을 계획할지라도 그의 걸음을 인도하시는 이는 여호와"(잠 16:9)이심을 인정할 수밖에 없다.

인류 역사를 돌아보면 중세 전 유럽 인구 3분의 1의 목숨을 앗아간 흑사병과 1918년에 발병하여 전 세계 인구 5,000만 명 이상을 죽음으로 몬 스페인 독감을 통해 인류가 찾은 해법은 '거리두기'와 '멈춤'이었다. 코로나19로 인해 우리 일상은 갑작스럽게 멈췄고, 세상은 한 번도 경험해 보지 못한 환경으로 돌변했다. 코로나19가 세계 질서를 재편하리라고는 아무도 예상치 못했다.

영국 세인트앤드루스대학교에서 행동생태학을 연구하는 크리스천 러츠(Christian Rutz) 박사는 최근 인류 활동의 대규모 일시적 멈춤을 가리켜 "인류-일시 정지"(anthropause)라고 부르자고 제안했다.

우리는 인류-일시 정지로 얼마나 큰 변화가 일어나는지를 실제로 경험하고 있다. 자동차가 멈추고, 공장 가동이 중지되면서 오랜만에 깨끗한 하늘을 자주 볼 수 있게 되었고, 기후 변화를 일으키는 주범인 온실가스의 배출량이 소폭이나마 줄어든 것을 확인했다. 미국 테네시 대학교 엘리자베스 데리베리(Elizabeth Derryberry) 박사가 이끄는 행동생태학 연구팀은 코로나19 사태 이후 샌프란시스코만 일대 도심과 교외 환경을 조사한 결과, 자동차 운행이 줄면서 도심 소음이 절반으로 줄어든 것을 확인했다.

끝없이 움직여야만 살 수 있는 현대 사회에서 코로나19 팬데믹의 공포를 이기고 생존할 길은 '거대한 일시 정지'(the great pause)라는 사실이 아이러니하다.

코로나19의 현실은 힘들지만, 하나님이 인류-일시 정지를 통해 인간뿐 아니라 온 피조물이 지구를 함께 쓰는 법을 배울 기회를 주셨다는 생각이 든다. 코로나19가 가져다준 일시 정지의 시간을 허투루 보내지만 않는다면, 이미 시작된 변화의 물결에 휩쓸리는 것이 아니라 오히려 물결을 타고 우리가 마땅히 닿아야 할 사명의 땅에 도달할 새로운 길을 하나님이 열어 주실 것이라 믿는다.

비대면의 접촉 ●

　　코로나19가 몇몇 국가에서 위협적인 기세로 퍼져 나가기 시작하던 2020년 초부터 우리는 확산 추세를 예의 주시하며 하나씩 대책을 마련해 나갔다. 그리고 예상대로 우려하던 일들이 벌어지기 시작했다. 예를 들면, 이런 일들이다.

　　2019년 6월에 마다가스카르 현지 조사를 마치고 지역 개발 사업에 돌입하여 2020년 4월에 우물 공사를 마칠 계획이었는데, 코로나19 사태로 연기된 상태다. 일시 중단되었다가 재개한 일들도 있지만, 기한 없이 중단된 상태로 있는 일들도 적지 않다.

　　2020년 3월, 마다가스카르 이키안자 마을에 세운 초등학교 준공식에 참석하기 위해 항공편을 예약해 두었지만, 주변의 만류로 떠나지 못했다. 만약에 예정대로 그곳에 갔다면, 오가는 길에 몇 주간 격리되어야 했을 테니 크게 곤혹스러웠을 것이다.

또한 그달에 레바논이 모라토리엄(moratorium, 채무 상환 유예)을 선언하여 모든 은행 업무가 중지되기도 했다. 또 식량난이 심각한 부르키나파소에서는 통행 제한을 해제하라고 요구하는 시위와 폭동이 일어나기도 했다.

4월, 코로나19가 북미 대륙에서 급격히 확산되자 미국 정부는 멕시코 국경을 선별적으로 폐쇄하기 시작했다. 그 영향으로 멕시코 경제가 큰 타격을 입었는데, 특히 미국에 대한 의존도가 높은 티후아나 지역의 대다수 공장이 문을 닫았고, 코로나19 방지책으로 지역 경제까지 악화되자 빈민가인 푸엔테스 마을은 심각한 상황으로 내몰릴 수밖에 없었다. 이를 견디지 못한 마을 주민들이 하나둘 이탈하기 시작했다. 우리는 쌀과 콩, 파스타 소스와 오일 등을 담은 식료품 상자를 주민들에게 긴급하게 제공했다. 한두 번 제공해서 될 일이 아니므로 계속 현지 상황에 맞추어 신속히 대응하도록 준비해 두고 있다.

우크라이나의 경우, 코로나19 확진자가 매일 400-500명씩 발생하자 정부는 2명 이상 동반 외출 금지, 60세 이상 주 2회 외출 금지, 공공장소 출입 금지, 대중교통 운행 중단, 도시 간 이동 제한 등을 명령하며 엄격히 통제했다. 그런데 3월 말에 국경이 봉쇄되기 직전에 유럽에서 일하던 자국민 10만 명 이상이 대거 귀국함으로써 초긴장 상태에 놓였다. 현지 의료 시설이 매우 열악하기 때문이다.

우크라이나뿐 아니라 기초 보건 의료 시스템이 취약한 나라들은 코로나19 검진과 예방 활동을 기대할 수 없으므로 현지 주민들은 감염 위협에 무방비 상태로 노출되어 있다.

봉쇄 정책으로 접근이 불가하여 사역이 일시 중단되기도 했는데, 예를 들어, 한국국제협력단(KOICA)과 공동으로 진행하는 농업 사업(세네갈, 르완다)과 인도적 지원 사업(르완다)이다. 현지에 파견되었던 4명의 스태프를 급히 철수시키고, 우간다에 파견되기로 한 2명의 스태프는 파견을 잠정 보류하기로 했다.

가난한 마을일수록 하루 벌어 하루 먹고사는 일일 노동자들이 많은데, 매일 현장에 나갈 수밖에 없는 것이 그들의 현실이다. 그러나 마스크를 착용하지 않으면 일자리도 구할 수 없으므로, 형편에 따라 마스크를 만들어 착용할 수 있도록 재봉틀과 면을 보내 주고 있다. 또한 구호 물품을 넣은 구급낭(Lifekit)을 만들어 주민들과 현지 군인 및 경찰들에게도 나눠 주고 있다.

이런 활동이 가능한 것은 위험을 무릅쓰고 자발적으로 현장에 남은 스태프들 덕분이다. 비대면을 요구하는 시대에 그들 스스로 접촉점이 되어 현지와 본부를 이어 주고 있다. 현지 스태프들이 현장 상황에 따라 판단하여 신속 대응할 수 있도록 하고는 있지만, 본부 및 관련 기관과의 소통이 매우 중요하므로 대륙별로 화상 정기 토의를 실시하고 있다. 그나마 감사한 것은 우리가 디지털 시대를 살고 있다는 것이다.

SK텔레콤에서 5G와 인공지능(AI)을 비롯한 정보 통신 기술 R&D(연구 개발)를 맡고 있는 김윤 박사는 현시대에 우리가 나아가야 할 방향에 관한 키워드를 3가지로 말한다. 첫째, '뉴노멀 선교'로, 인공지능을 활용해 오디오 성경을 1,000개 이상의 언어로 만드는 일이 가능한 만큼 다양한 전략이 개발될 것이다. 둘째, '디지털 세상 안에서의 힐링'이다. 디지털 세상은 이미 영적 전쟁터가 되어 있는데, 이곳에서 이기려면 기술적 도구들을 지혜롭게 준비해야 한다. 셋째, '시공간을 초월한 코이노니아(Koinonia) 공동체'다. 인공지능을 이용해 마을 주민들의 다양한 배경이나 성향이나 관심 등을 파악할 수 있다면, 사역에 새로운 장이 열릴 것이다.

나 자신이 온라인 미디어를 통해 만나는 것에 익숙해지고 있다. 세계 각지에 흩어져 있는 스태프들과 온라인을 통해 안부 인사를 주고받을 수밖에 없지만, 이렇게 나눌 수 있는 것만 해도 정말 감사하다. 현지 사역과 스태프들과 주민들을 위한 기도 제목을 꾸준히 나누고 있다. 외교의 기본 목표는 전쟁이 아닌 평화적인 방법을 통해 자국의 이익을 도모하고, 세계 평화에 기여하는 것이다. 대화와 협상을 통해 문제를 해결하려면 늘 소통의 접점을 잃지 말아야 한다.

유럽연합(EU)이 개최하는 행사장에 가면 루드비히 판 베토벤 (Ludwig van Beethoven) 교향곡 9번 제4악장, "환희의 송가"를 자주 듣게 된다. 여러 나라가 모인 기구인 만큼 특정 나라의 국가 대신에 유럽연합(EU)을 대표하는 찬가가 연주되는 것이다.

"환희의 송가"는 프리드리히 실러(Friedrich Schiller)가 쓴 시에 베토벤이 곡을 붙인 작품이다. 베토벤은 곡의 시작 부분에 자신이 쓴 가사를 덧붙였다.

오 친구들이여! 이런 곡조가 아닌,
좀 더 즐겁고, 기쁨에 찬 노래를 부르자.

이 곡은 새찬송가 64장 "기뻐하며 경배하세"로도 널리 알려져 있다.

기뻐하며 경배하세 영광의 주 하나님
주 앞에서 우리 마음 피어나는 꽃 같아
죄와 슬픔 사라지고 의심 구름 걷히니

변함없는 기쁨의 주 밝은 빛을 주시네.

땅과 하늘 만물들이 주의 솜씨 빛내고
별과 천사 노랫소리 끊임없이 드높아
물과 숲과 산과 골짝 들판이나 바다나
모든 만물 주의 사랑 기뻐 찬양하여라.

현지 스태프들과 마을 주민들이 함께 부를 수 있도록 선창하고 싶다. 모쪼록 기운을 잃지 말자. 상황이 어떠하든 주님이 주시는 기쁨을 잃지 않는 것이 지혜다. 하늘의 기쁨이 곧 이 땅의 무기이기 때문이다.

변화 수용 ●

　　갑자기 시작된 코로나19 시대는 우리에게 변화를 강요한
다. 전문가들은 우리의 일상이 코로나19 이전으로는 영원히 돌아
갈 수 없다고들 말한다.

　그런데 이전과 이후가 180도 달라진 삶을 사는 것이 우리가 처
음일까? 그렇지는 않을 것이다. 성경만 들여다봐도 역사에는 격변
의 순간이 몇 차례나 있었음을 알 수 있다. 아브람이 여호와의 지시
에 따라 아버지의 집을 떠난 순간, 모세가 시내산에서 십계명 돌판
을 들고 내려온 순간, 예수 그리스도가 십자가에 매달려 돌아가시
고 부활하신 순간, 다메섹으로 향하던 사울이 빛 가운데 주님의 음

성을 듣고 엎드러진 순간 등 꽤 많은 순간을 찾을 수 있다.

격변의 순간은 말 그대로 삶이 송두리째 바뀌는 순간이다. 변화는 이전에 매였던 것에서부터 자유를 줌과 동시에 고착화된 틀을 가차 없이 부수어야 하는 수고로움을 선사한다. 변화하는 세상에 살면서 변화를 수용하지 못하면, 괴로울 뿐만 아니라 사명에서 도태된다. 선교적 사명을 잘 감당하기 위해서라도 반드시 변화해야 한다.

코로나19 사태가 주는 교훈은 우리가 지금까지 살아온 삶의 방식을 근본적으로 바꾸지 않으면, 생사의 갈림길에 설 수 있다는 것이다. 코로나19는 지금도 퍼지고 있고, 치료제와 백신이 온전히 개발되기 전까지는 앞으로도 계속 퍼질 것이다. 삶의 방식을 바꾸는 실천이 필요한 때다.

자기 자신의 변화와 이웃을 향한 선교 비전의 열심을 공고히 하고 싶다면, 2015년 국제연합(UN) 총회에서 채택한 지속가능발전목표를 실천해 보기를 권한다. 2016년부터 2030년까지 "단 한 사람도 소외되지 않도록"(Leave no one behind)이라는 슬로건 아래 전 세계가 함께 이행해 나가야 할 목표다. 특히 지속가능발전목표의 17개 목표 중 빈곤 종식(No Poverty), 기아 종식(Zero Hunger), 건강과 웰빙(Good Health And Well-Being), 질적인 교육(Quality Education)의 기회 제공 등은 우리가 반드시 시행해야 할 내용이다.

코로나19 시대에 국제연합(UN)의 '지속 가능한 발전'에 관한 담론의 목표는 인류가 직면한 새로운 환경과 새로운 시대의 길을 열기 위해 더멋진세상과 같은 NGO들이 앞장서는 일일 것이다.

한국국제협력단(KOICA)의 긴급 구호 사업 자금을 지원받아 네팔 극서부 지역의 코로나19 격리 시설에 식량과 위생 용품을 전달했다.

흑백 사진처럼 ●

더멋진세상의 선교적 토대는 예수님의 대계명과 대위임
령에 있다.

"선생님 율법 중에서 어느 계명이 크니이까 예수께서 이르시되
네 마음을 다하고 목숨을 다하고 뜻을 다하여 주 너의 하나님을 사
랑하라 하셨으니 이것이 크고 첫째 되는 계명이요 둘째도 그와 같
으니 네 이웃을 네 자신같이 사랑하라 하셨으니 이 두 계명이 온
율법과 선지자의 강령이니라"(마 22:36-40).

"그러므로 너희는 가서 모든 민족을 제자로 삼아 아버지와 아들
과 성령의 이름으로 세례를 베풀고 내가 너희에게 분부한 모든 것

을 가르쳐 지키게 하라 볼지어다 내가 세상 끝 날까지 너희와 항상 함께 있으리라 하시니라"(마 28:19-20).

우리는 주님의 말씀을 총체적 선교의 명령으로 받아들이며 그에 따라 구체적으로 활동함으로써 순종한다.

첫째, 복음의 수용성이 크게 떨어지는 미전도 종족 지역이나 복음의 불모지 중에서 한 마을을 선정하여 "더멋진마을 프로젝트"를 통해 지역 주민이 스스로 주인 의식을 갖고 자립할 뿐만 아니라 서로 섬기는 마을이 되도록 지원하고 있다. 이러한 더멋진마을이 조성되고 있는 지역은 11개국 13개 마을로, 세네갈, 르완다, 기니비사우, 스리랑카, 네팔, 인도네시아, 파키스탄, 필리핀, 몽골, 모리타니, 멕시코 등이다.

둘째, 교육 환경이 열악한 지역에 학교, 기숙사 등을 건축하여 환경을 조성하고, 장학 후원 등을 통해 마을의 차세대들이 지역 사회의 리더십으로 자라 갈 수 있도록 돕는다. 차세대들에게 복음과 성경적 가치를 전달함으로써 보다 나은 삶이 무엇이며, 어떤 형태로 그들이 속한 지역 사회가 발전되어야 하는지를 스스로 묻고 발견할 수 있도록 돕고 있다.

현재 교육 환경 개선을 통한 차세대 양육에 집중하고 있는 지역은 세네갈, 모리타니, 멕시코, 인도네시아, 네팔, 필리핀 등으로, 학교 건축 또는 학교 환경 개선을 해 나가고 있다. 또 난민 발생 지역으로 차세대 교육 사역이 진행되고 있는 곳은 시리아 난민이 거주하는 레바논과 요르단, 남수단 난민 캠프가 있는 우간다 등이다. 직접적인 복음 전파를 위해 교회를 건축하고 주일학교가 진행되고 있는 지역은 르완다, 네팔, 스리랑카, 필리핀 등이다.

셋째, 미전도 종족 지역처럼 접근이 제한된 지역에서는, 현지 성도의 집을 리모델링하여 가정에서 모임을 시작할 수 있도록 독려하고, 선교사로 하여금 전략적인 교회개척운동(CPM, Church Planting Movement) 사역으로 나아갈 수 있도록 토대를 마련하는 활동을 하고 있다. 현재 가정 기도 모임 사역이 진행되고 있는 대상은 스리랑카의 미전도 종족인 베다족이다.

넷째, 지진이나 홍수로 폐허가 된 지역에서 긴급 구호 및 복구 활동을 하고, 그 후에도 지속적인 개발 사역이 이어질 수 있도록 노력하고 있다. 이를 통해 복음이 자연스럽게 전해지곤 한다. 현재 긴급 구호와 복구가 지속적인 개발 사역으로 이루어져 복음이 전해지고 있는 지역은 네팔과 필리핀이다.

한 마을을 하나님 나라의 공동체로 세우는 일은 단번에 이루어지지 않는다. 어느 누구의 힘으로 되는 것도 아니다. 오직 복음으로 변화된 사람들이 마을과 지역 주민들을 향해 지속적으로 관심을 갖고 사랑하며 섬기는 수밖에 다른 길은 없다. 이 사역에 있어서 누군가는 재정을 보내고, 누군가는 기도를 하고, 누군가는 교육을 하고, 누군가는 치료를 하고, 누군가는 집을 짓고, 누군가는 우물을 파 주는 등 섬기는 손길이 지속적으로 많이 필요하다. 마을들을 섬기다 보면, "만일 한 지체가 고통을 받으면 모든 지체가 함께 고통을 받고 한 지체가 영광을 얻으면 모든 지체가 함께 즐거워하느니라 너희는 그리스도의 몸이요 지체의 각 부분이라"(고전 12:26-27)라는 말씀을 실감하게 된다.

사실, 나는 외교관 생활을 뜻하지 않게 그만두게 된 것에 늘 가슴 한편이 아렸다. 외교관으로서 실패한 경력이 아닌가 하고 내심 낙담하고 있었다. 그런데 더멋진세상 사역을 하면서 나도 쓸모 있는 인간임을 확인하고, 깊은 위로를 받으며 자존감을 회복할 수 있었다. 하나님이 미천한 나를 사용하시기 위해 오래전부터 준비해 오셨음을 깨닫는 순간이 많았다. 그러고 보면 내 인생이 실패한 것은 아닌 것 같다. 하나님이 이끄시는 삶에는 실패가 없기 때문이다. 사람들의 생각으로 실패한 인생을 하나님은 '더 멋진 인생'으로 바꿔 주셨다.

온누리교회 선교관 101호에 가면 한쪽 벽면에 순교자들의 사진이 전시되어 있다. 예전에는 나같이 평범한 성도와는 거리가 먼 영웅들을 보며, 그분들의 순교와 삶에 늘 마음이 숙연해지곤 했다. 이전에는 더멋진마을을 찾아 거친 길을 달리다가 혹여 불의의 사고를 당할지도 모른다는 생각에 불안하기도 했다. 그런데 요즘은 앞서가신 순교자들을 생각하면, 신기하게도 내 안에 안도감이 생긴다. 한때 하나님 앞에서 먹고사는 것을 걱정하던 내가 세상을 떠나 주님 앞에 섰을 때 주님께 "잘하였다 착한 종이여"(눅 19:17)라는 말씀을 들을 수 있다면, 그것이 내가 받을 수 있는 가장 큰 영광이라는 생각을 하게 되었으니, 이 어찌 하나님의 은혜가 아니겠는가.

화려한 색이 종적을 감춘 흑백 사진을 들여다보면, 평소에는 보이지 않던 것들이 눈에 들어온다. 인생에서 잡다한 색을 제하고 나면 그제야 본질이 눈에 들어오기 마련인데, 나이 70이 넘으니 인생의 본질이 무엇이고 하나님의 계획이 무엇인지를 발견하게 된다.

축사에 딸린 허름한 나무 건물에서 생활하던 아펨타바 마을 아이들에게 깨끗한 기숙사가 생겼다.

사랑의 역설 ●

코로나19가 우리 일상을 마구 헤집어 놓던 2020년 여름, 더멋진세상의 후원금은 어느 때보다도 더 많이 모였다. 온누리교회 목적 헌금인 비전 헌금은 평균 1억 원 안팎이다. 온누리교회의 비전 특별 헌금이 2억 6,000만 원이나 되었고, 홈페이지로 입금된 기부금만 해도 약 1,300만 원에, 계좌 이체로 보내온 후원금이 2억 2,000만 원이나 되었다.

어려운 시기에 후원자가 끊기기는커녕 오히려 70여 명이 더 늘었고, 월 기부금을 증액한 회원들도 있다. 게다가 한국국제협력단(KOICA)에서 약 5억 2,000만 원을 지원받게 되어 모두 합하면

10억 원 정도 되었다. 우리는 이것을 국제개발협력민간협의회(KCOC, Korea NGO Council for Overseas Development Cooperation)를 통해 모두 집행했고, 현재도 진행 중이다. 코로나19 상황이 계속되는 한 우리의 활동도 지속할 생각이다.

1999년 설립된 국제개발협력민간협의회는 국제 구호 개발과 인도적 지원 활동을 하는 140여 개 NGO가 모인 연합체다. 유엔경제사회이사회(UNECOSOC)의 특별협의 지위(Special Consultative Status)를 보유하고 있다. 국제개발협력민간협의회는 국내 최대 국제 개발 협력 민간 단체 협의체이며, 한국월드비전, 굿네이버스, 세이브더칠드런 등 해외에서 개발 원조 및 인도적 지원 사업을 하는 한국 비영리단체 140여 개가 회원으로 가입되어 있다. 더멋진세상이 신생 단체임에도 불구하고, 대표인 내가 국제개발협력민간협의회의 이사가 된 것은 하나님의 큰 은혜가 아닐 수 없다.

주변이 온통 어두워져 갈 때, 도리어 빛을 내는 사람들이 있다. 스스로 불을 밝혀 어둠을 몰아내는 사람들이다. 빛 조각 같은 사람들이 우리를 찾아오곤 한다. 최근에도 어느 신혼부부가 신혼여행 경비로 마련해 두었던 600만 원을 어려운 이웃에게 나눠 달라고 우리에게 맡기고 갔다. 어떤 하급 공무원이 퇴직금 4,000만 원을 기부하러 왔는데, 공무원의 살림을 빤히 아는 터라 그분께 마음은 감사히 받을 테니 퇴직금은 노후를 준비하는 데 쓰시라고 정중히 말씀드리고는 손을 거두었다. 그런데도 그분은 전액 기부 의사를 끝까지 굽히지 않았다. 그리고 끝내 이름도 밝히지 않았다. 또 하루는 어떤 할머니가 사무실에 찾아와 "이것도 받남유?" 하고는 꼬깃꼬깃 접힌 5,000원짜리 지폐를 꺼내 놓기도 했다.

일일이 다 말할 수 없을 정도로, 있는 힘껏 불을 밝히는 빛 조각 같은 이들이 주변에 얼마나 많은지 모른다. 나는 이들을 보면서 사람에 대한 신뢰를 회복했다.

세상은 그리 어둡지만은 않다. 선한 사람이 악한 사람들보다 훨씬 더 많고, 이름도 없이 빛도 없이 세상을 묵묵히 밝히는 사람들 덕분에 세상이 아름다워지는 것이다. 하나님이 "사람의 죄악이 세상에 가득함과 그의 마음으로 생각하는 모든 계획이 항상 악할 뿐임을 보시고"(창 6:5)도 아직까지 심판을 미루시는 이유는 이렇게 선한 사람들이 있기 때문이 아닐까 생각한다.

결국 코로나19가 우리에게 절망만 안겨 주는 것은 아니다. 코로나19로 인해 삶이 일시 정지 상태에 들어간 사람들, 인생이 곤란한 상황에 놓인 사람들을 도울 수 있다는 희망이 오히려 커졌다. 이념, 지역, 인종, 종교를 뛰어넘어 굶주린 이들에게 먹을 것을 나눠 주는 NGO가 필요한 시대가 되었음을 실감한다. 그러므로 모두가 코로나19 시대를 '고난'이라고 말하지만, 고난에 집중하기보다는 고난을 이길 수 있는 '소망'을 바라봐야 한다. 그편이 훨씬 더 현명하다.

내가 더멋진세상 사역을 통해 깨달은 것은 두 가지다. 하나는 '하나님은 선하시다'는 것이고, 다른 하나는 '선하신 하나님은 선한 사람들을 통해 일하신다'는 것이다. 하나님은 선한 사람들을 세상 곳곳에 남겨 놓으시고, 또 심어 놓으셨다.

"그중에 십분의 일이 아직 남아 있을지라도 이것도 황폐하게 될 것이나 밤나무와 상수리나무가 베임을 당하여도 그 그루터기는 남아 있는 것같이 거룩한 씨가 이 땅의 그루터기니라"(사 6:13).

그러니까 전진 ●

　　코로나19 사태 이후, 선교 패러다임이 바뀌어 가고 있다. 반기독교 지역에서도 방역 활동이나 생필품을 보급할 수 있는 것은 NGO뿐이다. NGO가 교회와 연합하여 활동하다 보면, 현지인들이 자연스럽게 교회 마당을 밟게 된다. 선교의 새로운 지평이 열린 것이다. 코로나19도 복음의 길을 막지는 못한다. 오히려 철옹성 같던 지역의 문이 열리는 것을 본다. 그만큼 NGO에 대한 기대감이 갈수록 높아지고 있다.

　　코로나19 사태로 현지 상황에 따라 일부 활동이 잠시 중단되고, 스태프들이 철수하기도 했지만 10월 현재, 대부분 사업을 재개하거나 준비 중이다. 우리의 활동은 쉼 없이 계속 진행되고 있으며 이를 위해 현지 상황을 수시로 공유하고, 기도 제목을 활발히 나누며 시시각각 변하는 현장 상황에 대처하기 위해 만반의 준비를 하고 있다. 이미 철수했던 세네갈 농업사업팀은 다시 현지로 돌아갔고, 우간다 파견 예정이었던 스태프들 역시 현장으로 돌아갈 준비를 마쳤다.

5-6월, 스리랑카는 전국적으로 통행금지와 휴교령을 발령해 많은 사람이 일자리를 잃고 생계의 위협을 받고 있다. 특히 100년 넘게 홍차 밭에서 일하며 막노동이나 가정부 일만 해 온 아길 마을 사람들은 당장 수입이 끊겨 먹고살기가 막막한 상황이 되었다.

우리는 2차에 걸쳐 아길 마을 110가구와 베다족 라투갈러 마을 120가구에 쌀, 콩 고기, 설탕, 달걀, 밀크 파우더, 마른 멸치 등이 담긴 1개월 치 식료품 상자를 전달했다.

2020년 7월, 한국국제협력단(KOICA)이 국제개발협력민간협의회 및 국내 10개 시민 사회 단체와 협력하여 10개 기관, 10건의 사업을 선정해 코로나19 확산으로 인도적 위기에 처한 개발 도상국 취약 계층을 지원하는 민관 협력 사업을 추진했다. 7개국에서 식량 및 현금 바우처 배포 등 생계 지원, 보건 위생 방역 물품 지원 및 보건 위생 시설 운영 지원, 감염병 예방 인식 제고 교육 및 캠페인 등을 진행하는 22억 원 규모의 사업이었다. 더멋진세상이 선정되어 네팔에서 이주 노동자 및 국내 실향민 등 최취약 계층을 대상으로 구호 활동을 했고, 현재도 진행 중이다. 그 외에도 현장에서는 많은 일이 진행되고 있다.

우리는 코로나19 시대 이후를 대비할 사역 방향과 실행 방법을 의논했는데, 여러 가지 아이디어가 나왔다. 예를 들어, 사업 지역을 대상으로 모바일농업학교(유튜브)를 열어 농업 지도자를 양성하고, 영상을 보고 그대로 따라 할 수 있도록 기술 지원을 하는 방안을 검토했다.

또 코로나지원센터를 개설하여 방역 용품을 지속적으로 지원하는데, 마스크 자체 제작 교육 및 공급, 수제 비누 만들기 교육 등을 실시한다. 비상식량 패키지와 비타민·기초 영양제·해열제 등 비상 약품을 공급하고, 코로나19 사태가 진정되고 나면 일반 보건소로 전환할 예정이다.

국내외 관계 기관 및 유관 기업체와 연대하여 활동할 수 있는 프로그램을 개발 중이다. 종자 대출, 농기계 대여, 시범 농장 운영 등 NGO와 기업의 협업 모델을 개발하는 것도 필요하다. 해당 프로그램의 광고마다 후원사를 노출하면, 기업 이미지 제고에 도움이 될 것이다.

코로나19와 가장 자주 비교되는 흑사병 이후를 살펴보면, 코로나19 이후를 짐작할 수 있지 않을까? 흑사병 이후 살아남은 사람들의 행동 양식은 대개 3가지로 구분된다.

첫째, 쾌락으로 치닫는 것이다. 조반니 보카치오(Giovanni Boccaccio)의 단편 소설 《데카메론》에 나타난 것처럼 현실을 잊고 방탕한 삶에 빠지는 것이다. 둘째, 종교에 귀의하는 사람들이 생겨난다. 흑사병의 창궐은 앞서 일어났던 기근, 전쟁, 경제난 등과 결합하여 사회적으로 종말론을 대유행시켰다. 특히 탁발수도회 중 종말론을 경고했던 도미니크수도회가 이 시기를 기점으로 더욱 번창하게 되었다. 마지막으로, 엄청난 죽음을 목격하면서 '믿음이란 무엇인가?', '삶이란 무엇인가?'에 관해 깊이 고민하고 되짚어 보는 사람들이 생겨났다. 이 세 번째 부류의 사람들이 이성과 과학의 길로 들어섰다. 과학의 도움으로 흑사병의 속성을 차츰 파악해 가기 시작하자 그 위력이 점차 줄어들었다.

놀라운 사실은 르네상스 시대가 흑사병이 맹위를 떨치던 시기와 일치한다는 것이다. 결국 르네상스란 인류가 흑사병의 공포 앞에서 포기하지 않고 희망으로 만들어 낸 도전의 역사였다고 평가할 수 있다. 역사적 사건에는 언제나 그렇듯 작용과 반작용이 있지 않은가.

코로나19 이후의 시대에는 어떤 일들이 이어지고, 어떤 것이 뉴노멀(new normal, 시대 변화에 따라 새롭게 떠오르는 기준 또는 표준)로 등장할지 몹시 궁금해진다.

코로나19는 분명 하나님이 계획하신 역사를 가르는 사건이 틀림없다. 복음의 길이 막힌 것 같을 때, 그 길을 예비하고 길을 여신 분은 언제나 하나님이셨다. 매우 안타깝지만, 코로나19는 새로운 복음의 르네상스 시대를 준비하시는 하나님의 뜻임을 믿는다.

하나님은 바로 지금이 국제 NGO 더멋진세상이 새로운 지평을 열어 가야 할 때라고 말씀하신다. 그렇다! 그 길이 광야라도, 사막이라도 걸어갈 것이다. 그곳에 강과 길을 내시는 분은 하나님이시기 때문이다.

멕시코 푸엔테스 마을 주민들에게
코로나19 긴급 구호 식량과 위생 용품을 나눠 주고 있다.

르완다 응호망과 마을 주민들이 재봉 학교에서 코로나19 마스크 제작 실습을 하고 있다.

르완다 응호망과 마을 주민들에게 코로나19 긴급 구호 식량과 위생 용품을 전달하고 있다.

'더 멋진 마을'이 되기까지 _ Before : After

당신의 나눔으로 열악했던 마을이 더 멋진 마을로 변화되었습니다.
더 멋진 세상은 결국 더 멋진 사람들이 모여 이룹니다.
당신이 더 멋진 세상을 만드는 주인공입니다.

세네갈 본나바 마을 케르발라 초등학교

Before

After

필리핀 아펨타바 초등학교

Before

After

필리핀 비눙안안의 초등학교

Before **After**

네팔 고레다라 은혜 교회

Before **After**

네팔 고레다라 초등학교

Before

After

네팔 고레다라 마을

Before

네팔 나야상구 교회

After

Before

After

필리핀 바가오 초등학교

Before

After

기니비사우 블롬 마을

Before

After

미얀마 그두족 프라미스홈

Before

After

기니비사우 끌란데 교회

그의 마음에는 하나님의 법이 있으니
그의 걸음은 실족함이 없으리로다_시 37:31

고(故) 하용조 목사님의 비전에 따라 온누리교회의 후원금을 종잣
돈으로 시작한 NGO 더멋진세상이 지금은 국제기구 및 국제 NGO
들과 매칭 펀드(matching fund, 공동 자금 출자) 사업을 벌이고, 연간 80억
이상 규모의 프로젝트를 진행하고 있다.

더멋진세상은 '더 멋진 사람들'에 의해, 그들의 보이지 않는 묵
묵한 헌신과 굽힐 줄 모르는 선교 비전에 의해 만들어져 왔다.
2019년 이사회 회의 때, 더멋진세상의 기관 운영비가 8.5%에 불과
하다는 이야기를 듣고 모두 놀랐다. 어떻게 이런 일이 가능한가?
하나님의 기적은 척박한 땅에서만 일어나는 것이 아니라는 것을
모두 깨달았다.

국내외 모든 스태프는 오직 하나님이 우리에게 부어 주신 은혜를 척박한 환경에 놓인 가난한 이들에게 나누어 주어야 한다는 생각으로 달려왔다. 이는 한 푼이라도 절약하여 꺼져 가는 생명을 살리고, 가난으로 무너진 삶을 세우는 데 도움이 될 수 있기를 바라는 마음으로 기도하며 헌신적으로 섬긴 섬김의 흔적이라고 감히 말하고 싶다.

느헤미야는 페르시아 아닥사스다왕 시절에 술관원(고위직 관료)이었다. 그는 예루살렘 성벽이 무너진 채 버려져 있다는 소식을 듣고, 성벽을 재건하기 위해 예루살렘 총독이 되어 돌아왔다. 그리고 주변의 훼방에도 불구하고 불굴의 의지로 성벽 재건을 끝까지 밀어붙였다. 느헤미야는 자신이 예루살렘의 총독이기 전에 하나님의 일꾼임을 한순간도 잊지 않았다. 그래서 다스리는 자가 아닌 섬기는 자의 자세를 견지할 수 있었다. 하나님께 헌신하기로 결심한 관료라면 이처럼 솔선수범해야 한다.

유럽과 소아시아를 종횡무진 오가며 선교하면서도 철저히 자비량으로 활동했던 사도 바울을 생각한다. 그는 텐트메이커(tentmaker)로서 활동했다. 지금으로 치면 '자원봉사자'라고 할 수 있다. 나도 그 정신을 이어받아 자원봉사자로서 더멋진세상의 대표 일을 해 오고 있다. 순수한 자원봉사자로서 일하는 것은 내 자긍심이자 하나님께 드리는 내 삶의 예배다.

나는 외교 관료로서 38년, 민간 외교를 펼치는 NGO 자원봉사자로서 10년을 살아왔다. 외교관으로 근무하며 해외를 오갈 때 넓은 좌석에 앉아 긴 다리를 펼 때는 몰랐는데, 무릎을 구부린 채 폭이 좁은 이코노미석에 앉아 있자니 처음에는 정말로 고역이었다. 그런데 어느새 불편함을 기꺼이 감수하는 즐거움을 알게 되었다. 불편함을 견디면, 그만큼 돌아오는 대가가 있다는 것을 알았기 때문이다.

예를 들면, 20-30여 시간을 견디면 아프리카 어느 마을 아이들에게 동화책을 선물할 수 있고, 14시간을 견디면 서남아시아 어느 학교에 컴퓨터를 보낼 수 있다는 식이다. 그들이 얼마나 크게 웃으며 기뻐할지를 아는데, 잠시의 불편함을 어찌 견디지 못하겠는가. 이는 경험해 보지 않으면 알 수 없는 기쁨과 감동이다. NGO 활동을 하면서 내가 베푼다고 생각했는데, 지나고 보니 내가 받은 것이 훨씬 더 많을 뿐 아니라 영적으로도 회복되고 성숙해짐을 느낀다.

선교사가 들어가기 힘든 곳에 NGO 모자를 쓰고 달려 들어가 집을 짓고 우물을 파고 학교를 지었을 뿐인데, 복음의 열매가 맺히고 교회가 세워지는 놀라운 일들을 경험했다. 영적으로 침체되고 무너졌던 마을에서 영적 돌파가 일어나 한 영혼이 구원받고 세례를 받는 일이 일어나는 것을 목격했다. 그것은 선교하시는 하나님의 역사이며 놀라운 성령님의 사역이었다.

더멋진세상에서 스태프들과 보낸 지난 10년은 이전과 비교할 수 없을 정도로 멋졌다. 나뿐만이 아닐 것이다. 우리는 함께함으로써 더 멋진 사람이 되어 간다. 더멋진세상은 결국 더 멋진 인생들이 모여 이룬다.

코로나19 사태로 현지에서 철수했던 인원들이 이제 다시 현장으로 돌아가고 있다. 우리는 이 시대 선한 사마리아인으로서 지구촌의 형편이 어려운 이웃들을 돌보면서 우리가 가진 작은 것들을 나눌 때 더 크게 역사하시는 하나님의 놀라운 능력을 경험해 왔다. 앞으로도 설레는 마음으로 하나님이 우리에게 보여 주실 놀라운 일들을 기대하며 소망할 것이다.

2020년 10월 현재, 우리는 24개국 27개 마을에서 가난과 질병으로 고통받고 있는 이웃들을 돕고 있다. 홍수, 태풍 등 피해 지역에 대한 긴급 구호 활동들과 이제 프로젝트가 종료된 나라들은 37개국에 이른다.

흥미로운 사실은, 단 한 번도 우리가 먼저 가고 싶어서 간 적이 없다는 것이다. 지구촌 어딘가에서 늘 먼저 도움을 청해 왔고, 가서 보면 그곳에는 기도하는 사람들이 있었다. 그들은 준비된 하나님의 사람들이었다.

그들의 기도 덕분에 우리는 높은 곳에 머물지 않는 지혜를 얻고, 낮은 곳으로 기꺼이 흘러가는 즐거움을 배운다. 세상에서 소외되고, 가난과 질병, 재난과 재앙, 테러와 전쟁, 인습과 폐단, 맹목과 갈등으로 고통받는 지구촌 이웃들을 찾아가 낮은 곳에 임하시는 하나님의 사랑을 전하는 거룩한 '손'이 되어 쓰임 받는다는 것이 얼마나 큰 축복인가!

더멋진세상은 결국 복음을 전하는 NGO다. 한 마을을 입양해서 5-10년 동안 부모처럼, 친구처럼 함께하며 지지하고, 자립할 때까지 조언과 지원을 아끼지 않는다. 그리고 마침내 그들이 우리에게 복음을 들려 달라고 요청할 때면, 우리는 예수 그리스도의 기쁨에 온전히 참여하게 된다. 그 기쁨을 알기에, 우리는 땅끝까지 이르러 하나님 나라를 이루어 가는 선교 여정을 계속해 나갈 것이다. 우리의 이야기는 내일도 계속될 것이다.

이 모든 일은 믿음과 헌신이 부족했던 내가 아닌 하나님이 하신 일임을 고백하며 "주는 완전합니다"라는 찬양으로 헌신의 결단을 새로이 하며 글을 맺고 싶다.

주여 우린 연약합니다

우린 오늘을 힘겨워합니다

주 뜻 이루며 살기엔 부족합니다

우린, 우린 연약합니다

한없는 주님의 은혜

온 세상 위에 넘칩니다

주님만이 길이오니

우린 그 길 따라갑니다

그날에 우릴 이루실

주는 완전합니다.

À suivre(To be continued).

더 멋 진 마 을 에 서 온 편지

블룸 마을의 주민들, 특히 저소득층 주민들은 더멋진세상의 지원과 도움에 크게 기뻐하고 있으며, 굉장히 감사한 마음을 갖고 있습니다. 더멋진세상의 활동 (학교 재건축, 화장실 설치, 학교 내 태양열 시스템 설치, 우물 설치 등)으로 주민들의 삶의 질이 높아졌습니다. 마을 주민들은 우물의 중요성을 인식하고 있으며 수질이 좋아져 질병 사례가 많이 줄어들었습니다.

블룸 마을 주민들은 더멋진세상이 모든 것을 다 해 줄 수 없다는 것을 알고 있습니다. 하지만 이 지역 사회를 위해서 지속적으로 지원해 주길 희망하고 있습니다. 지금까지 이 마을들은 한 번도 도움을 받아 보지 못해 여러분의 지원을 굉장히 소중하게 생각하고 있습니다. 더멋진세상의 섬김(지원)은 저희뿐 아니라 공동체의 인식과 삶의 방식을 바꿔 주는 계기가 되었고, 지역 사회 경제 발전에 큰 도움이 되고 있습니다. 저는 항상 하나님이 여러분에게 복 주시어 저희 역시 복을 받도록 기도하고 있습니다.

_에밀리아 코레이아(기니비사우 서부아프리카여성위원회 회장)

더멋진세상은 우리 본나바 마을에 많은 도움을 주었습니다. 도움을 받기 전 우리 마을은 아무것도 없었습니다. 대부분의 아이들이 학교에 가지 못했고, 마을에는 쓰레기가 널려 있었습니다. 아이들은 수인성 질병으로 인한 콜레라, 장티푸스, 설사, 그리고 모기로 인한 말라리아 등 많은 어려움으로 고통스러웠습니다. 하지만 이제는 새로 지은 학교 건물이 있어서 마을 아이들이 학교에 다니며 배울 수 있게 되었고, 쓰레기 소각장과 수거 차량도 생겨서 마을이 깨끗해졌습니다. 보건소와 급수탑, 그리고 사막 횡단 도로가 생겨서 많은 사람이 건강하고 행복해졌습니다. 앞으로도 계속 더멋진세상과 함께 우리 본나바 마을을 세네갈에 있는 마을 중 가장 살기 좋은 마을로 만들어 가기를 바랍니다. 우리 마을에 도움을 주어서 정말 감사합니다.

_**아쥬마 바**(세네갈 본나바 마을 청년 리더)

더멋진세상이 본나바에 옴으로써 식수와 질병이 해결되기 시작했고, 쓰레기 문제, 도로 문제, 직업 훈련 등 어려운 문제들이 해결되기 시작했습니다. 본나바 주민들은 더멋진세상이 본나바에서 이루어 낸 일들에 대해서 모두 잘 알고 있으며 깊은 감사를 느끼고 있습니다.

더멋진세상 덕분에 57명의 초가집에서 출발한 학교가 이제는 500명이 출석하는 제일 좋은 학교가 되었고, 지금은 중학교도 세워졌습니다. 이로써 주민들은 자녀 교육을 통해 미래를 향한 희망을 품고 살아갈 수 있게 되었습니다.

더멋진세상이 본나바 주민들에게 선물한 것은 소망뿐만 아니라 기쁨과 행복, 얼굴에 드리워진 아름다운 미소까지, 상상할 수 없을 정도로 다양합니다. 주민들은 더멋진세상이 자신들의 바람들을 이루어 줌으로써 흘리던 눈물을 닦아 주었다고 말합니다.

이제 모든 가정에는 식수가 있고, 일이 필요한 사람들은 직업 훈련을 받고 있으며, 농부들은 농장에서 훈련받고 있습니다. 교사들도 컴퓨터 교육을 통해 학교 업무를 보게 되었습니다. 더멋진세상이 쾌적한 학교 공간을 선물해 주었기 때문에 아이들도 학교에 오는 것을 좋아합니다. 저와 본나바 주민들 모두는 한마음으로 더멋진세상에 대한 깊은 감사의 마음을 전합니다. 진심으로 감사합니다.

_**음비산 시스**(세네갈 본나바 마을 케르발라 초등학교 교장)

더멋진세상을 만나게 된 것은 저에게 큰 기쁨이고 영광입니다. 더멋진세상은 첫인상부터 좋았습니다. 특히 '더멋진세상'이란 이름 자체가 마음을 편안하게 해 주었고, 더 멋진 삶을 만들어 줄 것이란 신뢰를 주었습니다. 그리고 그 이름대로 지금까지 세네갈에서 보여 준 더멋진세상의 활동에 대해서 진심으로 감사를 표합니다.

저는 한국의 초청으로 새마을운동 훈련을 위해 세 차례 한국을 방문한 경험이 있습니다. 훈련을 통해 배웠던 새마을운동의 접근법이 본나바에서 보여 준 더멋진세상의 방법과 비슷하다는 느낌을 받았습니다. 즉 마을의 개발 뿐 아니라 주민들의 의식을 개선하고 주인 의식과 책임감을 심어 주는 중요한 접근법이 그것입니다. 계속해서 이런 방향으로 사업을 추진해 주시길 부탁드립니다.

　주민들은 더멋진세상을 통해서 삶의 질이 향상되었음을 느끼고 있고 이전보다 더 큰 희망을 갖고 살아가고 있습니다. 깨끗한 물로 건강도 되찾았고 문해율도 급속하게 향상되고 있습니다. 더멋진세상은 우리에게 기대하지 않았던 매우 귀한 파트너입니다. 이것은 정말 놀라운 일입니다.

_이브라이마 은도이(세네갈 찌아운뽈냐그시 부시장)

심장 수술을 지원해 주신 더멋진세상에 큰 감사를 드립니다. 저는 병으로 매우 어려운 시간을 지나왔습니다. 앞으로 저에게 더 나은 삶이 주어진다면, 이 모든 것은 여러분들 덕분임을 말씀드립니다. 저는 심장에 오랫동안 선천적인 병이 있었지만, 특별한 문제를 느끼지 못하며 살아왔습니다. 하지만 2015년 우연히 말라리아에 걸리게 되면서 저에게 심장병이 있다는 것을 발견하게 되었습니다. 수술이 아주 시급한 상황에서 수술비를 감당할 수 없어서 복지부 장관과 대통령 자문관인 마담 미미뚜레, 찌아운뽈 시장 등 주위에 도움을 요청했지만, 도움을 받을 수가 없었습니다. 그러던 중에 감사하게도 하나님은 더멋진세상을 만나게 해 주셨습니다. 덕분에 심장 수술을 받았습니다. 하나님이 이 아름다운 일을 기억하시고, 갚아 주시기를 바랍니다.

_파투 가이(세네갈 찌아운뽈냐그시 시의원, 심장병 수술 환자)

다샤인 축제 기간 15일 동안, 마을 사람 모두가 술에 취하고, 노름하고, 서로 싸우느라 바빴습니다. 그런데 올해는 그런 모습을 좀처럼 찾아볼 수가 없었습니다. 마을이 눈에 띄게 변화되고 있습니다. 마을 주민들 모두가 하나님께 감사 드리고 있습니다. 평생을 힌두교인으로 산 사람들이기 때문에 교회에 나오는 것이 쉽지 않은데 매주 한두 명씩 교회에 출석합니다. 5년 이내에는 마을 주민 90% 이상이 교회에 출석할 것이라고 저는 생각합니다.

_란바하두르(네팔 고레다라 마을 주민)

고레다라 은혜 교회 성도 90여 명 중 40여 명이 여성입니다. 여성들의 영향으로 일가족이 예수님을 영접하는 일이 생기고 있습니다. 제가 변화되고 나서 온 가족이 교회를 나오게 되었습니다. 아들 너빈은 교회에서 찬양팀에 있으면서 북을 칩니다.

지금 가족 모두는 신실하게 신앙생활을 하지만, 처음부터 그렇지는 못했습니다. 남편은 알코올 의존자였고, 저 역시 이런 악몽 같은 생활이 싫어서 멀리 떠나 살기도 했습니다. 제가 없는 동안 너빈과 동생이 얼마나 힘든 시기를 보냈을지 상상조차 할 수 없을 정도입니다. 저는 자식들이 그리워 마음을 돌이키고 집으로 돌아왔지만, 가정불화는 여전했습니다. 그러던 와중에 제가 마을에 있는 교회를 나가게 되었고, 가정에 기적이 일어나게 되었습니다. 자녀들은 찬양팀에, 남편은 교회 집사로 거듭난 것입니다. 너빈은 교회 나가기 전에 우리 집이 이렇게 화목하게 될 줄은 몰랐다고 말합니다.

"하나님이 우리 가정에 주신 사랑을 도저히 잊을 수 없습니다. 다른 사람들에게도 이런 사랑을 전하고 싶습니다. 열심히 공부해서 아이들을 가르치는 목사가 될 거예요."

아들 너빈의 고백이 고레다라의 미래를 보여 주는 것 같습니다.

_**뿔마야**(네팔 고레다라 마을 주민)

저는 86세까지 평생을 힌두교 신자로 살아왔습니다. 돌로 만든 소의 형상을 비롯해, 땅에 있는 수없이 많은 우상과 심지어 건물까지도 신으로 섬기며 살아왔습니다. 예수님에 대해 몰랐을 때, 저는 질병으로 오랫동안 힘든 시간을 보내야 했고, 마음에 자유함도 없었습니다.

하지만 여동생으로부터 예수님에 대해 처음으로 듣게 되고, 복음을 접하게 된 이후에는 몸도 깨끗하게 치유받았고, 마음에 평화가 찾아왔습니다. 고레다라 은혜 교회에 출석한 지는 9개월 정도 되었습니다. 교회 성도들이 집에 찾아와 여러 가지 일들을 도와주고 기도도 해 주셔서 큰 힘이 되고 있습니다. 저도 적극적으로 교회에 나가 예배드리고, 목사님께 기도도 받으며 신앙을 키워가고 있습니다. 무엇보다 이번에 세례를 받게 되어 정말 기쁘고 감사합니다.

저희 가족 모두가 예수님을 믿게 되기를 바라는 마음이 매우 간절합니다. 특히 손자, 손녀 모두가 예수님을 믿게 되길 간절히 기도하고 있습니다. 저는 죽을 때까지 예수님을 결코 떠나지 않을 것입니다.

_**수크나야 시르말**(네팔 고레다라 마을 주민)

제가 어렸을 때 우리 가족은 깊은 산속에 살았습니다. 우리는 너무 가난해서 하루에 세 끼를 먹지 못했습니다. 저는 어려서 우리가 왜 가난해야 하는지, 왜 굶주려야 하는지 이해하지 못했습니다. 매일 40분씩 걸어서 초등학교에 등하

교했는데, 가끔 좁은 산길을 걸을 때면 미끄러져 낭떠러지로 떨어져 강에 빠질까 무섭기도 했습니다. 비가 많이 오면 옷이 젖은 채로 수업을 들었습니다.

저는 더멋진세상에서 지어 준 아뗌타바 기독교육센터 기숙사에서 지금까지 경험해 보지 못한 것을 누리며 지내고 있습니다. 매일 성경 공부를 하는데, 하나님은 겸손히 그분을 따르고 순종하는 이들에게 늘 선하시다는 것을 깨달았습니다. 저는 영적으로 활발해졌고 하나님의 도우심으로 시련과 도전에 직면할 수 있습니다. 예수님은 제게 가장 존귀하고 보배로우신 분입니다. 지금 저는 매우 행복합니다. 예전과는 다른 삶을 살고 있기 때문입니다. 매일 성령님의 동행하심을 느끼며 지내고 있습니다.

_**부나페 펠라로**(필리핀 아뗌타바 마을 기숙사 학생)

지난 2013년 태풍 하이옌 피해 이후로 비눙안안 주민들은 하나님이 더멋진세상을 통해서 우리에게 하신 일들에 감사하고 있습니다. 더멋진세상은 우리가 가장 힘들 때 우리를 도와주고 함께해 주었습니다. 우리에게 육적인 필요뿐 아니라 영적인 부분도 공급해 주었습니다.

더멋진세상은 비눙안안의 태풍 피해자들에게 다시 가정으로 돌아갈 수 있도록 편안한 안식처를 마련해 주었습니다. 우리에게 지어 준 그 집은 우리가 한 지붕 아래 생활할 수 있게 해 주었고, 나쁜 날씨와 나쁜 사람들로부터 안전하게 지켜 주었습니다. 태풍의 영향으로 트라우마를 가지고 있던 우리 아이들을 치료하는 데 큰 도움이 되었습니다. 또 생계를 이어 갈 수 있도록 고기잡이배를 마련해 주어서 빈곤을 해결할 길을 열어 주어 감사합니다.

비눙안안섬의 모든 주민의 삶 가운데 큰 의미가 생겼습니다. 그것은 한국의 더멋진세상이 우리에게 준 도움 때문입니다. 우리는 누군가가 하나님에 의해 사용되어 그를 통해 하나님이 우리의 삶을 만지시고 우리를 변화시키신 것을 알고 있습니다. 우리가 어려움에 있을 때 받았던 사랑 때문에 지금은 더 성숙한 인격으로 살고 있습니다. 어려울 때 누군가 우리에게 도움을 준 것을 보고 우리는 서로 나누고 베푸는 삶을 배웠습니다. 우리가 서로에 대해 관심을 가지고 나누는 것이 더 의미가 있다고 느끼고 있습니다.

하나님이 많은 사람을 통해 우리에게 주신 사랑과 노력에 진심으로 감사드립니다. 우리에게 사랑만 주실 뿐 아니라 여러 방면으로 재정적으로 도와주셔서 감사합니다. 우리와 우리 아이들에게 더 멋진 세상을 만들어 주신 더멋진세상에 진심으로 감사드립니다.

_플로리타(필리핀 비눙안안 마을 주민)

저희 가족은 전쟁으로 인한 스트레스와 내일에 대한 두려움, 불안함 속에 살고 있었습니다. 레바논에 난민으로 온 후에는 재정적 어려움과 스트레스로 힘들었습니다. 그러던 중 이곳에 교육센터가 처음 시작될 때 안드레 목사님을 통해 복음을 전해 들었고 하나님이 계시다는 생각과 복음에 대한 호기심을 갖게 되었습니다. 계속해서 안드레 목사님이 전해 준 소책자를 보면서 하나님을 알아가게 되었고, 그 이후로 하나님이 우리의 생활을 변화시키시기 시작했습니다.

더멋진세상이 제공하는 학교 교육은 교사였던 제가 봐도 아이들을 잘 가르치고 있다고 생각합니다. 집에서 별도로 직접 아이들을 가르칠 일이 없을 정도로 좋은 영향을 주고 있습니다. 교육센터가 아이들에게 커다란 역할을 잘 해내고 있습니다. 지금은 아이들이 평안합니다. 모든 사람을 사랑하는 평온한 아이들이 되었습니다. 이제는 주변 사람들과 환경에 대해서 자유스럽고, 정신적 안정과 평안함을 느끼고 있습니다. 지금은 모든 상황 속에서 하나님을 의지하게 되었고, 내전으로 인한 난민 생활이 힘들지만, 예수님을 믿고 나서 어려움을 극복하고 서로를 사랑하게 되었습니다. 그리고 지난여름, 저는 세례를 받았습니다.

_**루스드라**(레바논 시리아 난민)

푸엔테스 마을이 생기고 나서 2년 동안, 이곳 아이들은 학교에 다니기 위해 매일 멀고 위험한 길을 다녀야 했습니다. 사고도 많았습니다. 그러다 보니 아이들은 점점 학교 가기를 꺼리게 되었고, 부모들도 아이들을 학교에 보내지 않았습니다.

그런데 더멋진세상의 정성스런 도움으로 이곳에 학교가 세워져서 많은 학생에게 배움의 길이 다시 열리게 되었습니다. 이 마을의 지도자 중 한 사람으로서 대단히 감사하다는 말씀을 드립니다.

_**산드라**(멕시코 푸엔테스 마을 여성 리더)